Stacy Eldredge
Du bist von Gott geliebt

Über die Autorin

Stacy Eldredge leitet die Frauenarbeit von *Ransomed Heart Ministries*. Über 3 Millionen Exemplare ihrer Bücher wurden bislang verkauft. Sie lebt mit ihrer Familie in Colorado Springs.

Stacy Eldredge

Du bist von Gott geliebt

90 ermutigende Andachten für Mädels

Aus dem Englischen von
Marion Achenbach

Der Verlag weist ausdrücklich darauf hin, dass im Text enthaltene externe Links vom Verlag nur bis zum Zeitpunkt der Buchveröffentlichung eingesehen werden konnten. Auf spätere Veränderungen hat der Verlag keinerlei Einfluss. Eine Haftung des Verlags ist daher ausgeschlossen.

Die automatisierte Analyse des Werkes, um daraus Informationen insbesondere über Muster, Trends und Korrelationen gemäß § 44b UrhG („Text und Data Mining") zu gewinnen, ist untersagt.

Die Bibelzitate wurden, wenn nicht anders vermerkt, folgender Übersetzung entnommen: Hoffnung für alle, Copyright© 1983, 1996, 2002 by Biblica, Inc.
Verwendet mit freundlicher Genehmigung von 'fontis – Brunnen Basel
Außerdem wurde aus folgenden Übersetzungen zitiert:
Neue evangelistische Übersetzung,
© 2010 Christliche Verlagsgesellschaft, Dillenburg (NeÜ)
Revidierte Elberfelder Bibel, © 1985/1992 R. Brockhaus Verlag, Wuppertal und Zürich (ELB)
Neues Leben, © 2002, 2006 Hänssler Verlag
im SCM-Verlag GmbH & Co. KG, Holzgerlingen (NL)
Willkommen daheim. Eine Übertragung des Neuen Testaments, die deinen Verstand überrascht und dein Herz berührt,
© 2009 Gerth Medien, Wetzlar (WD)

© 2019 Gerth Medien in der SCM Verlagsgruppe GmbH,
Berliner Ring 62, 35576 Wetzlar

5. Auflage 2025
Bestell-Nr. 817600
ISBN 978-3-95734-600-1

Umschlaggestaltung: Hanni Plato
Umschlagmotiv: Naticka/Shutterstock
Lektorat: Sarah Kleinknecht
Satz: Uhl + Massopust, Aalen
Druck und Verarbeitung: GGP Media GmbH, Pößneck
Printed in Germany

www.gerth.de

Inhalt

Herzlich willkommen 9

1. Wie schön du bist! 11
2. Gott hat dich so gemacht, wie du bist 13
3. Alles dransetzen 16
4. Bilder in den Wolken 18
5. Deine wichtigste Reise 21
6. Der Ort, wo Jesus wohnt 23
7. Liebe dich selbst 25
8. Der springende Punkt 27
9. Die besten Jahre deines Lebens 30
10. Das Geheimnis 33
11. Ein innerer Prozess 35
12. Gottes Versprechen 38
13. Deine Vergangenheit 40
14. Hungrig nach Gott 43
15. Geschichten, die uns prägen 45
16. Du bist geschaffen nach Gottes Ebenbild 48
17. Mehr als Überwinder 51
18. Miterben Christi 53
19. Du bist wunderschön 56
20. Ein zufriedenes Herz 59
21. Das bedeutendste Spiegelbild 62
22. Mit den anderen mithalten 64
23. Gottes Geschenk 66

24. Sorge für dich selbst – du bist es wert! 69
25. Gott hat große Träume 71
26. Was kann Gott nicht tun? 73
27. Ein wachsames Herz 75
28. Künstliche Schönheit 78
29. Wahre Schönheit 81
30. Jesus kann 83
31. Gott, der Künstler 85
32. Frei, du selbst zu sein 88
33. Wer, glaubst du, bist du? 90
34. Im Einklang mit Gott 93
35. Der geistliche Kampf 96
36. Noch eine Wahrheit 98
37. Im Namen von Jesus 101
38. Taumelnd in die Freiheit 103
39. Weit weg vom Garten Eden 105
40. Sieg! 108
41. Die Einladung 111
42. Schönheit statt Asche 113
43. Die Tür des Leidens 115
44. Gezeichnet von Schmerz 117
45. Klammere dich an Gott 119
46. Was Leid bewirkt 122
47. Sei dankbar 124
48. Die schönsten Narben 126
49. Frei sein 129
50. Der Kampf des Glaubens 132
51. Die Freiheit, Fehler machen zu dürfen 134
52. Die größte Freiheit 137
53. Dazugehören 140
54. Herausragen 143

55. BFF – Best friends forever 145
56. Loslassen 148
57. Wer feuert dich an? 150
58. Eifersucht und Neid 152
59. Vergeben lernen 155
60. Die Macht der Worte 157
61. Ehrlichkeit 159
62. Schlechte Beziehungen 162
63. Eine echte Freundin sein 165
64. Gott schuf sie als Mann und Frau 168
65. Ein sicherer Ort 171
66. Oh Mann, diese Jungs! 173
67. Gottes Schatz 176
68. Du bist geschaffen, um zu lieben 179
69. Das größte Gebot 182
70. Zu Jesu Füßen sitzen 184
71. Wenn Gott sich Zeit lässt 187
72. Überschwängliche Liebe 189
73. Du bist auserwählt 192
74. Eine göttliche Veränderung 195
75. In Gottes Nähe 198
76. Entscheide dich zu glauben 201
77. Was die Welt heute braucht 203
78. Königstochter 205
79. Vergiss niemals, wer du bist! 208
80. Welchen Namen gibst du dir? 210
81. Er wird dir einen anderen Namen geben 213
82. Du bist die Geliebte! 216
83. Konzentriere dich auf seine Treue 218
84. „Anzeigetafel" 220
85. Deine wahre Identität 223

86. Du machst ihn glücklich 225
87. Betrachte es als etwas Gutes 227
88. Welchen Namen hat Gott dir gegeben? 230
89. Niemals allein 232
90. Noch mehr Freude 234

Abschließende Gedanken von Stacy 236

Quellenverzeichnis 237

Herzlich willkommen

Schön, dass du da bist! Ich bin Stacy. Zugegeben, die meisten Menschen würden mich nicht mehr als junge Frau bezeichnen – offen gesagt, ich habe die 50 schon überschritten. Bis heute habe ich schon so einige Lebenserfahrung gesammelt und sowohl von älteren als auch von jüngeren Frauen, denen ich begegnet bin, eine Menge gelernt. Ich habe zum Beispiel erkannt, wie wertvoll die Zeit ist, die ich allein mit Gott verbringe.

Hört sich das für dich komisch an? Wie kann man denn allein mit Gott sein?

Ob du es glaubst oder nicht, Tatsache ist, dass der Gott, der das Universum geschaffen hat, will, dass du mit ihm sprichst. Dich an ihn wendest. Ihm zuhörst, indem du in der Bibel liest, in der Stille auf seine Stimme lauschst oder ihn durch Menschen zu dir sprechen lässt.

Dieses Buch enthält 90 Andachten mit jeweils einem Bibelvers, ein paar Mut machenden Worten dazu und ein Gebet, eine Frage oder ein Impuls für dich, den du für deine persönliche Zeit mit Gott verwenden kannst.

Viele Menschen verbringen diese Zeit mit Gott gerne am Morgen, bevor der Tag beginnt, andere dagegen bevorzugen die Abendstunden. Probier es aus, welche Zeit und welcher Ort am besten für dich passt. In einem Café? In der Freistunde? Oder lieber kurz bevor du zur Schule gehst?

Wichtig ist, dass du weißt: Gott wünscht sich diese Begegnungen mit dir noch viel sehnlicher, als du es tust! Er will, dass du ihn kennenlernst und dass du weißt, wie wertvoll du für ihn bist. Immer wenn du dieses Buch zur Hand nimmst, denke daran, dass Gott darauf wartet, dir zu sagen, wie sehr er dich liebt. Er kann es nicht abwarten, dir immer wieder zu sagen, wie wunderschön du bist. Bist du bereit dazu?

1.
Wie schön du bist!

*Deshalb bin ich auch ganz sicher,
dass Gott sein Werk, das er bei euch begonnen hat,
zu Ende führen wird, bis zu dem Tag,
an dem Jesus Christus kommt.*

Philipper 1,6

• •

Wusstest du, dass du wunderschön bist? Nicht nur hübsch oder süß oder akzeptabel, sondern *wunderschön*. Unermesslich schön, ein absolutes Highlight in Gottes Schöpfung! Ich weiß, du fühlst dich nicht immer schön. Damit habe ich auch immer wieder zu kämpfen. Aber Gott sieht dich als eine wunderschöne, strahlende, begabte, wertvolle und geliebte junge Frau. Je früher du das annimmst, desto besser, denn so kannst du deine Schönheit und deine Gaben dein ganzes Leben lang ausleben.

Dazu fällt mir gerade ein Geheimnis ein, das ich mit dir teilen möchte: Das Leben wird immer besser. Du glaubst das nicht? Ist aber so. Gibt es Dinge, mit denen du gerade so richtig zu kämpfen hast? Ich weiß, das Leben ist manchmal hart, aber ich kann dir versprechen, dass es besser wird. Hand aufs Herz!

Du wirst deinen Weg finden. Du wirst dich weiterentwickeln, immer mehr den Durchblick bekommen und irgendwann die Veränderung feststellen, nach der du dich jetzt so sehr sehnst. Denn Jesus ist auch noch da. Bei Jesus ist Veränderung nicht nur möglich, sondern er verspricht sie uns sogar.

Du wirst verändert, damit du Jesus immer ähnlicher wirst. Er hat dich auserwählt, und was er in dir angefangen hat, wird er auch zu Ende führen. Dabei ist aber auch dein Einsatz gefragt. Gott wird dir helfen und dir zeigen, wo es langgeht. Jesus will, dass du die Freiheit hast, du selbst zu sein! Nämlich eine wunderschöne junge Frau. Und das ist kein Geheimnis.

Jesus,
du willst, dass ich dir immer ähnlicher werde.
Bitte zeige mir, welche Rolle ich heute dabei
spielen soll. Zeige mir, wie ich dich sehen soll
und wie ich mich selbst sehen soll. Amen.

2.
Gott hat dich so gemacht, wie du bist

Du hast mich geschaffen – meinen Körper und meine Seele, im Leib meiner Mutter hast du mich gebildet. Herr, ich danke dir dafür, dass du mich so wunderbar und einzigartig gemacht hast! Großartig ist alles, was du geschaffen hast – das erkenne ich!

Psalm 139,13–14

· ·

Als „selbstbewusst" hätte mich in meiner Schulzeit bestimmt niemand beschrieben. Vielleicht sah ich nach außen hin so aus. Klar habe ich alles versucht, um diesen Eindruck zu erwecken. Aber wenn ich ein Schild vor meinem Herzen getragen hätte, dann hätte darauf gestanden: „Sag mir einfach, wer ich sein soll, und ich werde so sein." Meine Eltern hatten eine bestimmte Vorstellung davon, wie ich sein sollte. (Klüger! Dünner! Beliebter!)

Meine Freundinnen ließen mich nur allzu gern wissen – ohne es auch nur auszusprechen –, wie sie mich haben wollten. (Lustiger! Hübscher!) Meine Schwestern durften mir sagen, wer ich sein sollte. Und nicht zu vergessen: die Jungs.

Ich ließ zu, dass andere mir sagten, wer ich sein sollte und wer nicht, und dabei hatte ich selbst noch keine Ahnung, wer ich eigentlich war.

Vielleicht werden wir mit einem großartigen Selbstwertgefühl in diese Welt hineingeboren. Aber dann beginnt das Leben, an unserem angeborenen, einzigartigen Selbstbewusstsein zu kratzen. Das Leben ereignet sich, schöne und unschöne Worte werden ausgesprochen, und es dauert nicht lange, bis wir herausfinden, dass wir eine bestimmte Person sein müssen, um zu überleben, und diese Person sind nicht wir selbst. Wir können nicht wirklich zu hundert Prozent und ungehindert wir selbst sein.

Sag mir einfach, wer ich sein soll, und ich versuche so zu sein.
Seufz.

Ich wette, du weißt, was als Nächstes kommt, nicht wahr? Ich werde dir sagen, dass du *du selbst* sein musst, wenn du ein Leben führen willst, das sich lohnt! Du hast recht.

Um ein glückliches Leben zu führen, musst du *du selbst* sein. Nicht die Version, die deine Freunde dir vorschreiben. Nicht eine Version, für die es ein Update im Internet gibt. Glaub mir: Du solltest so sein, wie du wirklich bist!

Du bist du. Eigentlich kannst du auch gar niemand anders sein. Deshalb ist es ja so anstrengend und unbefriedigend, sich zu verstellen. Gott hat dich genau so gewollt, wie du bist. Du bist die Einzige auf der Welt, die jemals so war oder so sein wird, wie du bist. Genau so hat Gott dich gewollt! Eines kann ich dir verraten: Es ist viel einfacher, du selbst zu sein, als vorzutäuschen, jemand anders zu sein. Das weiß ich aus eigener Erfahrung! Und wenn du dich nicht mehr verstellen musst, wirst du auch noch feststellen, dass das Leben viel mehr Spaß macht. Das ist ein Geschenk von Gott.

*Jesus,
ich möchte so sein, wie du mich geschaffen hast. Du hast mich so gewollt, wie ich bin. Hilf mir, dass ich mich jeden Tag darüber freuen kann! Amen.*

3.
Alles dransetzen

*Dabei ist mir klar, dass ich dies alles noch
lange nicht erreicht habe, dass ich noch nicht
am Ziel bin. Doch ich setze alles daran,
das Ziel zu erreichen, damit der Siegespreis
einmal mir gehört, wie ich jetzt schon zu
Jesus Christus gehöre.*

Philipper 3,12

• •

Viele Probleme entstehen dann, wenn wir jemand anderes sein wollen. Manchmal mögen uns die anderen nicht. Manchmal mögen wir uns selbst nicht. Wir wissen genau, was uns Probleme macht, wo wir nicht gut sind, verletzt sind oder einfach nur ausbrechen wollen. Wir wissen, dass wir nicht hundertprozentig so sind, wie es unserer Bestimmung entspricht.

Allein die Tatsache, dass wir uns nach Veränderung sehnen, ist ein deutliches Zeichen dafür, dass wir uns verändern *sollen*. Ich denke, unsere Unzufriedenheit mit unseren Schwächen weist darauf hin, dass wir nicht dazu bestimmt sind, in diesen Schwächen stecken zu bleiben.

Genau darum geht es im Leben. Du bist dazu bestimmt, dich immer weiterzuentwickeln und beharrlich das Ziel zu verfolgen, noch mehr du selbst zu sein.

Das sollst du aber natürlich nicht nur aus eigener Anstrengung schaffen. Und auch nicht aus eigener Willenskraft, durch harte Selbstdisziplin oder durch eine strenge Form der Selbstverachtung. Sondern durch die Liebe Gottes.

Ich möchte wachsen. Ich will mich verändern. Ich möchte wahrhaftiger werden, liebevoller, authentischer, mehr ich selbst. Jesus will das auch. Er wünscht sich das auch für dich! Jesus liebt dich, so wie du bist. Er sieht dich, und kennt dich, und er findet dich total genial. Er weiß außerdem, wie Gott dich gemeint hat, als er dich schuf. Weil er so liebevoll und barmherzig ist, will er dich gerne auf deinem Lebensweg begleiten.

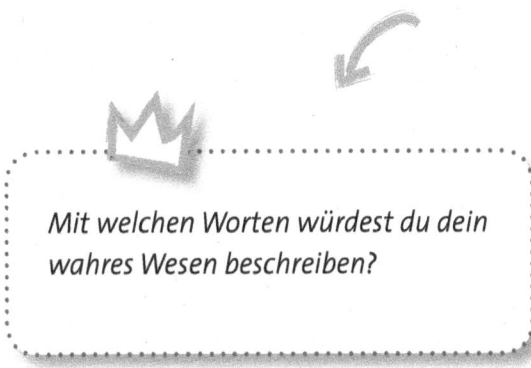

Mit welchen Worten würdest du dein wahres Wesen beschreiben?

4.
Bilder in den Wolken

Die Freude am Herrn gibt euch Kraft.

Nehemia 8,10

Kennst du auch das Gefühl, dass du dich nach mehr sehnst? Nach mehr Freude. Nach mehr Freiheit. Nach mehr Hoffnung. Mehr Heilung. Mehr Leben! Du willst glücklicher sein. Du willst mehr *du selbst* sein. Du möchtest mehr lieben können, Gott besser verstehen und dich in deiner Haut wohlfühlen.

Es gibt in uns etwas wie eine „heilige Unzufriedenheit". Das ist so ein unbeständiges inneres Gefühl, das nicht in Selbstverachtung endet, sondern ein leidenschaftliches Bedürfnis nach dem Gott in dir weckt, der sagt: „Das ist noch nicht alles im Leben!"

Ich möchte mehr. Und ich wette, du möchtest das auch.

Geh mit Köpfchen an die Sache ran. Sei stark. Sei freundlich. Zeig dich von deiner besten Seite. Sei mutig. Sei du. Achte auf dein Inneres, auch auf deinen Körper. Erlaube dir zu träumen.

Stell Fragen. Durchbrich Schranken. Streck dich nach der Wahrheit aus. Und nach Heilung. Folge Jesus nach.

Sei fröhlich. Lass das Leben in dir sprudeln. Kümmere dich mehr um dein Inneres als um dein Äußeres. Sag dir selbst, dass du wunderschön bist. Geh spazieren. Hab Träume. Mach einen Selbstverteidigungskurs. Sei hilfsbereit. Setz dich für andere ein, die in Not sind. Finde deine Leidenschaften. Lies ein Buch und hab Spaß dabei. Bete. Höre zu.

Finde Bilder in den Wolken. Lache über dich selbst. Schenke Fremden ein Lächeln. Sei großzügig in dem, was du gibst. Sei gastfreundlich. Sag einfach Danke, sooft du kannst. Hör auf deine Intuition, dein Bauchgefühl. Achte beim Begrüßen auf einen festen Händedruck. Sieh anderen in die Augen.

Bitte Gott, dass er dir seine Liebe zeigt. Sei achtsam. Vergib anderen, die dich verletzt haben. Trenne dich von Leuten, die keine wahren Freunde sind. Schau nicht zurück. Probier Neues aus. Kauf dir ein Fahrrad. Streichele einen Hund. Setze dir ein Ziel. Geh zum Bowlen. Geh in den Zoo. Lass im Park einen Drachen fliegen. Lade jemanden ein, dich ein Stück deines Weges zu begleiten.

Wenn du dich über etwas freust – sei es ein bestimmter Duft, ein Gefühl oder eine schöne Aussicht, die du genießt –, betrachte es als das, was es ist: eine Liebesbotschaft von Jesus an dich. Dann bedank dich bei ihm und sag: „Ich liebe dich auch."

*Jesus,
danke für all die schönen Dinge, die du mir heute schenkst! Heute freue ich mich besonders über*

_____.

(Über welche Dinge freust du dich besonders an einem ganz gewöhnlichen Tag? Das können auch ganz kleine Dinge sein.) Ich danke dir dafür und – ich liebe dich auch!

5.
Deine wichtigste Reise

*Ich habe euch schon immer geliebt,
darum bin ich euch stets mit Güte begegnet.*

Jeremia 31,3

Früher habe ich gedacht, im Leben geht es darum, sich zusammenzureißen, weniger Mist zu bauen und einfach nur ein braves Mädchen zu sein, anderen zu gehorchen, die Regeln zu befolgen. Ich habe gedacht, das sei Gott am wichtigsten. Da hatte ich mich aber gründlich getäuscht! Was bei Gott am meisten zählt, ist dein Herz!

Das Leben ist wie eine Reise zu deinem wahren Ich – zu deinem Herzen. Das Herz ist der Ort, wo jede Tat ihren Anfang nimmt. Dein Herz ist das Zentrum. Es kann dir große Freude, aber auch großen Schmerz bereiten, und noch größer können die Schwierigkeiten sein, in die es dich bringt. Es wurde sicherlich schon mal verletzt – und das wird leider immer wieder vorkommen. Vielleicht wirst du versucht sein, dein Herz zu verschließen, es zu ignorieren, zu betäuben oder sogar sterben zu lassen. Ganz gewiss wirst du dein Herz auch mal verlieren. Die Sache ist jedoch die: Du kannst eigentlich gar nicht ohne dein Herz leben. Und du bist zum Leben bestimmt.

In Wahrheit ist dein Herz der wichtigste Teil von dir. Dein Herz ist auch für Gott das Wichtigste. Das sind doch mal wirklich gute Neuigkeiten! Jesus kam, um dein Herz zu gewinnen. Er kam, um dein wahres Ich zu befreien und zu erneuern. Er hat Himmel und Erde nicht dafür in Bewegung gesetzt, dass du dich anständig benimmst. Oder damit du dich besser in die Masse einfügst. Oder auf deine Manieren achtest. Nein. Er möchte dein Herz umwerben und für sich gewinnen, damit du ihn von ganzem Herzen liebst und daraus Kraft für dein Leben schöpfst.

Dann müssen wir also nicht perfekt sein, wenn wir Jesus nachfolgen wollen? Richtig! Und das sind nicht nur gute Neuigkeiten, das sind *wahnsinnig* gute Neuigkeiten!

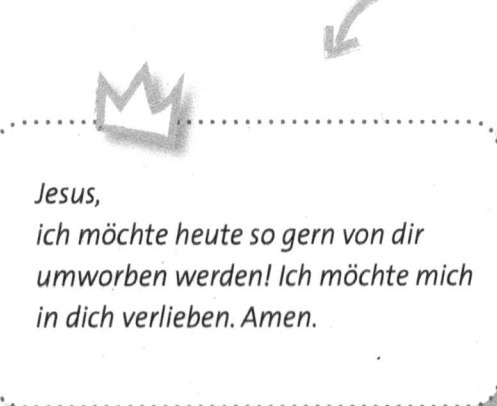

*Jesus,
ich möchte heute so gern von dir umworben werden! Ich möchte mich in dich verlieben. Amen.*

6.
Der Ort, wo Jesus wohnt

Was ich dir jetzt rate, ist wichtiger als alles andere: Achte auf deine Gedanken und Gefühle, denn sie beeinflussen dein ganzes Leben!

Sprüche 4,23

· ·

In der Bibel werden wir dazu aufgefordert, auf unsere Gedanken und Gefühle zu achten. Nicht wie ein Wachhund, der die Herde zusammenhält, sondern wie ein fürsorglicher Hirte; „achtgeben" ist hier also im Sinne von „hüten", „beschützen" und „pflegen" gemeint. Die meisten von uns tun das nicht. Wir achten mehr darauf, wie wir aussehen, als dass wir auf unser Herz aufpassen. Das ist nicht sehr weise, denn unser Herz ist von großer Bedeutung.

Warum also ist es wichtiger als alles andere, dass du auf deine Gedanken und Gefühle achtest? Weil du nach dem Ebenbild Gottes geschaffen bist! Hast du dich jemals gefragt, wo dieses Ebenbild in dir zu finden ist?

Dein ganzes Wesen wurde nach dem Bild Gottes erschaffen – ganz besonders dein Herz! Er will, dass du sein Ebenbild ausstrahlst. Dein Herz ist das Spiegelbild Gottes.

Jesus ist gekommen, um dieses Bild wieder instand zu setzen.

Wenn ich über das Herz spreche, meine ich damit in erster Linie nicht deine Gefühle, deine Emotionen. Natürlich ist dein Herz der Ort, an dem deine tiefsten Gefühle entspringen, aber von dort kommen auch deine tiefsten Gedanken. Wenn ich also über das Herz spreche, dann meine ich damit den Ort, wo Jesus durch den Glauben in dir wohnt. Es ist das Zentrum deines Seins. Nirgendwo bist du mehr du selbst als in deinem tiefsten Innern. Und genau auf diesen Teil von uns sollen wir achten. Unser Herz ist so kostbar und so wertvoll. Es zeigt, wer wir wirklich sind.

Jesus,
ich möchte auf mein Herz achten. Ich will es als etwas Wertvolles und Schönes betrachten. Hilf mir, dass ich achtsam bin in meinen Beziehungen, meinen Gedanken und meinen Träumen und dass ich nicht vergesse, wie wichtig dir das ist. Amen.

7.
Liebe dich selbst

*Und auch unsere Mitmenschen sollen wir
so lieben wie uns selbst.*

Markus 12,33

• •

Als Christen haben wir von Gott ein neues Herz bekommen. Trotzdem haben wir immer noch mit der Sünde zu kämpfen. Gott möchte, dass wir unser selbstsüchtiges Wesen ablegen. Das bedeutet aber nicht, dass wir nicht mehr wir selbst sein dürfen. Wir sollen einfach nur auf unser Herz achtgeben.

Dein Herz ist Gott am allerwichtigsten.

Dein Herz muss beschützt werden.

Du musst es gut behandeln.

Wir können so gemein zu uns selbst sein, oder? Wir sagen uns Dinge, die wir niemals einem anderen Menschen sagen würden. Wir können sehr streng mit uns sein. (Unsere eigenen Fehler sind uns deutlich vor Augen, aber das Gute in uns können wir nur schwer erkennen, nicht wahr?)

Die Sache ist die: Du musst nett zu dir sein, damit du auch nett zu anderen bist. Denn so wie du dich selbst behandelst, so wirst du auch andere behandeln.

Wie geht es dir heute damit? Wie geht es deinem Herzen? Wie behandelst du dich selbst? Bist du freundlich, ermutigend, liebevoll? Auch zu dir selbst? Jesus wünscht sich das von dir. Er hat uns aufgetragen, unseren Nächsten so zu lieben wie uns selbst. Und genau das wird passieren. Wir werden andere so lieben *wie uns selbst*. Wenn wir also schroff und eklig zu uns selbst sind, werden wir zu anderen genauso sein, ob wir das wollen oder nicht.

Jesus liebt dich. Du bist so wertvoll für ihn, dass er dich beschützt, dir nachgeht, über dir wacht, in dich investiert und sein Leben für dich gibt. Er möchte auch, dass du dich selbst liebst, auch dann, wenn es bestimmte Bereiche in deinem Leben gibt, wo du etwas ändern willst. In deiner Umgebung gibt es Menschen, die zwar nicht überall perfekt sind, aber trotzdem liebst du sie. Genauso sollst du mit dir selbst umgehen.

Jesus,
danke für das Leben, das du mir gibst.
Hilf mir, dass ich lerne, mich selbst zu
lieben. Du hast mich so gewollt, wie ich
bin. Du liebst mich über alle Maßen. Ich
nehme deine Liebe für mich an! Amen.

8.
Der springende Punkt

Ich will euch ein anderes Herz und einen neuen Geist geben. Ich nehme das versteinerte Herz aus eurer Brust und gebe euch ein lebendiges Herz.

Hesekiel 36,26

• •

Vielleicht hat man dir beigebracht, dass das Herz hinterlistig und böse ist. Das stimmt so nicht ganz: Wenn jemand von Herzen glaubt, dass Jesus der Sohn Gottes ist, der gekommen ist, um uns zu erlösen, wenn er Gott sein Leben anvertraut, dann bekommt er ein neues Herz!

Gott weiß, womit wir Probleme haben, und er ist gekommen, um sich mit ihnen zu befassen. Er weiß, dass wir seine Hilfe brauchen. Er weiß, dass auch aus unserem Herzen Dinge kommen, die hinterlistig und böse sind. Genau deshalb hat er seinen Sohn Jesus Christus in die Welt geschickt, damit das nicht so bleiben muss.

Neulich hatte ich die Ehre und gleichzeitig den Kummer, bei der Beerdigung des 24-jährigen Sohnes meines Freundes dabei zu sein. Während des Gottesdienstes herrschte eine heilige Atmosphäre. Und ich meine wirklich „heilig". Wir haben getrauert, dass er nicht mehr da ist. Wir haben sein Leben gefeiert und Gott dafür gedankt, dass der Tag kommen wird, an dem alles neu wird, an dem es keinen Abschied mehr geben wird, nie wieder.

Während des Gottesdienstes sprach keiner darüber, wie gut oder schlecht sein Zimmer aufgeräumt war, ob er immer sein Bett gemacht oder seine Kleidung weggeräumt hatte. Niemand hat ein Wort darüber verloren, wie alt er war, als er seinen Führerschein gemacht hatte. Keine Silbe über seine Schulnoten und beruflichen Erfolge.

Aber die Leute erzählten immer wieder, wie sie sich in seiner Nähe gefühlt haben. Die Geschichten über seinen Sinn für Humor nahmen kein Ende. Die Anwesenden schwärmten geradezu von seiner *Liebe* zu den Menschen, von seiner Leidenschaft, mit der er gelebt hatte, und von der Freude, die er verbreitet hatte – indem er sich einfach so zeigte, wie er war: einzigartig, mit all seinen Eigenarten und Unvollkommenheiten, charmant und völlig unverfälscht.

Sein Herz war das, worauf es ankam. Und auch auf dein Herz kommt es an.

*Jesus,
du hast mir ein neues, lebendiges Herz gegeben. Du hast mir einen neuen Geist gegeben! Du hast mir mein versteinertes Herz genommen. Ich bin dir so dankbar dafür! Amen.*

9.
Die besten Jahre deines Lebens

Begreift ihr denn nicht? Oder habt ihr es nie gehört? Der Herr ist der ewige Gott. Er ist der Schöpfer der Erde – auch die entferntesten Länder hat er gemacht. Er wird weder müde noch kraftlos. Seine Weisheit ist unendlich tief.

Jesaja 40,28

• •

Wusstest du, dass deine Gefühle als Teenager viel stärker sind als bei einem Erwachsenen? Das ist wirklich so. Freude, Traurigkeit, Verlust, Kummer – deine Emotionen erlebst du sehr intensiv. Deshalb gibt es auch nicht wirklich so etwas wie „bloße Schwärmerei". Die Gefühle für deine erste Liebe sind unglaublich heftig. (Sei aus diesem Grund besonders vorsichtig, an wen du dein Herz verschenkst!)

Während dein Hormonspiegel sich ständig verändert und nach oben schießt, kann es sein, dass du dich gleichzeitig mit Hautproblemen herumschlagen musst. Auch Jungs werden plötzlich viel interessanter für dich. Flüchtige Blicke oder ein Arm, der dich nur leicht streift, und schon hast du lauter Schmetterlinge im Bauch. Die Beziehungen zu anderen Mädels können schwieriger werden; ihre Meinungen haben viel mehr Gewicht und sie scheinen sich ständig zu verändern. Deine Freundschaften können komplizierter werden. Erwachsene kommen dir plötzlich so dumm vor. Deine Mutter nervt ständig. Deine Familie ist so peinlich.

Das ist normal.

Ganz ehrlich!

Es wird vorbeigehen.

In dieser Phase deines Lebens wirst du wahrscheinlich auch viel mehr Risiken auf dich nehmen, als dir später lieb sein wird. An manchen Tagen willst du dich am liebsten einfach nur in die Ecke schmeißen und warten, bis diese Zeit vorbei ist, aber es klappt nicht.

Na ja, vielleicht kannst du dich mal für einen Nachmittag oder sogar für eine Woche zurückziehen, länger aber nicht. Eigentlich ist diese Zeit eine der schönsten und abenteuerlichsten in deinem Leben.

Alles, was du in dieser Zeit fühlst, denkst, erlebst und welche Entscheidungen du triffst, ist von Bedeutung. Diese Jahre fühlen sich vielleicht nicht so an, als wenn das die besten Jahre deines Lebens wären, aber sie gehören einfach dazu. Und Gott ist nicht nur bei dir, er versteht dich auch, und er liebt dich, egal wie es dir geht.

*Welches Bild hast du momentan von dir selbst?
Von anderen? Von Gott?*

10.
Das Geheimnis

Ihnen (den Christen) wollte Gott zeigen, wie unbegreiflich und wunderbar dieses Geheimnis ist, das allen Menschen auf dieser Erde gilt: Christus lebt mitten unter euch. Er hat euch die Hoffnung auf die Herrlichkeit Gottes geschenkt.

Kolosser 1,27

....

Es klingt widersprüchlich: Wenn wir uns Veränderung wünschen, müssen wir zuerst alle Bereiche unseres Lebens Gott anvertrauen – auch all unsere Bemühungen, uns zu ändern, und all unseren Frust, es nicht zu schaffen. Und aus Liebe zu uns macht Gott uns dann zu der Person, die wir wirklich sind. Der Weg dorthin erfordert Mut, Glauben und vor allem die Bereitschaft, zu wachsen und loszulassen. Wir werden immer wieder hin und her gerissen sein zwischen Entscheiden und Nachgeben, Wünschen und Loslassen, Versuchen und Aufgeben. Aber am Ende werden wir bei uns selbst angekommen sein.

Ja, es scheint etwas ziemlich Widersprüchliches zu sein (aber es ist ein wunderschöner Widerspruch): Je mehr wir Gott ähnlich werden, desto mehr werden wir *wir selbst* – das Selbst, das Gott im Blick hatte, als er vor Erschaffung der Welt an uns dachte. Dieses Selbst steckt in dir; es mag schwer angeschlagen und mit jeder Menge Schmutz bedeckt sein, aber es ist da. Und Jesus kommt und möchte es zur vollen Entfaltung bringen!

> *Welcher Mensch möchtest du werden? Wie möchtest du gerne sein? Bitte Gott, dass er dir die Hoffnung schenkt, so werden zu können, wie er sich dich von Anfang an vorgestellt hat.*

II.
Ein innerer Prozess

Darum lebe nicht mehr ich, sondern Christus lebt in mir!

Galater 2,20

. . . .

Wenn wir dem Bild ähnlich werden wollen, das Gott schon vor unserer Erschaffung von uns hatte, und wir uns eine dauerhafte Veränderung wünschen, muss uns klar sein, dass uns Scham und Disziplin nicht weiterhelfen werden.

Mit „Scham" meine ich, dass wir eine Art Selbstgespräch führen und uns selbst ständig wegen unserer Fehler und Schwächen fertigmachen. Ähnlich wie ein Koffeinschub am Morgen kann uns Scham und Selbstverachtung zwar auf den Weg der Veränderung treiben, aber wir werden bald feststellen, dass sie uns in einen Kreisverkehr ohne Ausfahrt schicken.

Auch Selbstdisziplin wird uns nicht aus unserem Dilemma befreien. Disziplin, insbesondere Disziplin in Sachen Glauben, ist gut. Doch wenn das unser einziges Mittel ist, um die Veränderungen zu erreichen, nach denen wir uns sehnen, dann werden wir bald feststellen, dass wir es durch bloße Anstrengung nicht schaffen, ein Mensch zu werden, der von Gottes Gnade erfüllt ist. Wir ärgern uns; wir verlieren den Mut. Unsere Bemühungen, unser Eifer, unsere harte Arbeit bringen uns vielleicht durch die Woche, aber ganz sicher nicht durchs Leben.

Echte Veränderung kann nicht von außen erzwungen werden. Es ist ein innerer Prozess. Hast du dir schon einmal eine Liste gemacht, auf der steht, wie du leben, essen, Sport treiben, lernen, Gott suchen, wachsen und dich verändern willst? Solche Listen funktionieren für die meisten nicht über längere Zeit, und das Ergebnis des „Listen-Einhaltens" ist es, dass wir wieder in die Selbstverachtung zurückfallen. Das Problem ist nicht unsere mangelnde Disziplin. Das Problem liegt darin, wie wir die Sache angehen.

Wenn wir eine innere Veränderung erfahren, wird diese Veränderung nach außen sichtbar werden. Andersherum funktioniert es nicht. Gott lädt uns ein, uns auf einen Prozess der Veränderung einzulassen. Er will unsere innere Welt heilen, sodass schließlich auch unsere äußere Welt verwandelt wird.

Da ist die Stimme der Scham, die sagt: „Eigentlich hasse ich mich. Am liebsten will ich mich selbst loswerden."

Die Stimme der Disziplin sagt: „Ich muss mich bessern, denn ich bin nicht gut."

Gott aber sagt: „Ich liebe dich. Lass dich von mir wieder heil machen!"

Diese Stimme mag ich am liebsten.

→| →| →|

*Jesus,
sosehr ich mich auch anstrenge, ich schaffe es einfach nicht, mich zu verändern. Danke, dass du das auch gar nicht von mir erwartest! Du möchtest bloß, dass ich mich an dich wende. Heile du mich und verändere mich! Hilf mir, dass ich deine Liebe besser erkennen kann, damit ich andere und mich selbst besser lieben kann. Amen.*

12.
Gottes Versprechen

Jesus sagt: „In der Welt habt ihr Angst, aber lasst euch nicht entmutigen: Ich habe die Welt besiegt!"

Johannes 16,33

• •

Zu glauben, dass du schön bist, ein geliebtes Kind Gottes, kann sich riskant anfühlen. Wenn wir etwas riskieren, brauchen wir Mut dazu. Jesus sagt zu dir: „Lass dich nicht entmutigen. Du kannst es schaffen, weil ich bei dir bin!"

Jesus weiß, dass du Mut brauchst, um deine Identität anzunehmen, die du in dir hast, und um zu der Freiheit zu gelangen, du selbst zu sein. Wir haben unsere Gründe, warum wir uns vor der Liebe, unseren Träumen, unserer Verletzlichkeit fürchten. Ich möchte dir Mut machen: Die Tage der Furcht sind gezählt. Gott sieht uns mit barmherzigen Augen an und fordert uns auf, mutige Frauen zu werden.

Mut hat etwas mit Vertrauen zu tun. Ein mutiges Leben ist nicht gekennzeichnet von dem Bestreben, etwas oder jemand anderes zu werden. Es stützt sich im Glauben auf den Gott, der uns verspricht: „Ich habe euch auserwählt und ich bin treu!" (siehe auch 1. Thessalonicher 5,24). Unser Vertrauen ruht nicht auf uns selbst, sondern darauf, dass Gott stark und barmherzig ist.

Je älter ich werde, desto größer wird meine Zuversicht, dass Gott mich unendlich liebt und er nicht zuerst darauf wartet, bis ich meine Schwächen in den Griff bekomme, bevor er mir seine Zuneigung schenkt. Gott hat mich schon immer geliebt und er wird mich immer lieben. Dasselbe gilt auch für dich. Seine Liebe verändert sich nie und in seiner Nähe werden wir uns verändern.

Heilung und Befreiung geschieht nicht aus uns selbst heraus. Allein auf uns gestellt können wir niemals wir selbst werden. Aber wir sind nicht allein. Gott, der der Vater der Liebe ist, sieht uns. Er kennt uns, stärkt uns und hilft uns. Er ist nicht nur sehr gut darin, sondern er hat es uns auch versprochen!

Heute entscheide ich mich zu glauben, dass Gottes Nähe mich verändern wird! Ich kann mich selbst nicht ändern, aber er kann es und wird mir dabei helfen. Amen.

13.
Deine Vergangenheit

*Das eine aber wissen wir: Wer Gott liebt,
dem dient alles, was geschieht, zum Guten.
Dies gilt für alle, die Gott nach seinem Plan
und Willen zum neuen Leben erwählt hat.*

Römer 8,28

· ·

Du bist in eine Geschichte hineingeboren. Dein Leben ist eine Geschichte! Es ist die Geschichte deines Herzens: wie es behandelt wurde und welches Bild du als Folge davon jetzt von dir hast. Weißt du das? Du solltest es wissen. Erinnerungen sind wichtig. Für dich und für mich.

Mein Leben zu vergessen – meine Fehler, meine Erfolge, meine Herausforderungen, meine Sorgen, meine *Geschichte* –, würde mich daran hindern, vorwärtszugehen und mich in die Frau zu verändern, die ich werden soll. Es ist wichtig, dass ich mich erinnere, und ich lade dich dazu ein, dies mit mir gemeinsam zu tun. Es mag uns vielleicht seltsam erscheinen, dass wir an bestimmten

Punkten unserer Reise zurückblicken müssen, um vorwärtsgehen zu können, aber – glaub mir! – es ist nötig.

Wenn wir uns an Vergangenes in unserem Leben erinnern, sind wir manchmal versucht, bestimmte Situationen zu bedauern, anstatt sie mit liebevollen Augen zu betrachten. Gott dagegen sieht den Dingen auf den Grund und sein Blick ist gefüllt mit Barmherzigkeit. Deshalb dürfen auch wir barmherzig mit uns sein.

Ich kann mich natürlich nicht mehr an alle Begebenheiten meines Lebens genau erinnern. Vieles aus meiner Kindheit fällt mir spontan wieder ein. Es ist wie ein Lufthauch der Ewigkeit, eine Verbindung zu vergangenen Jahreszeiten, Erinnerungen an Momente des Staunens, der Sehnsucht und der Erkenntnis. Auch wenn ich jetzt über 50 bin – ich bin immer noch drei und sieben und sechzehn Jahre alt! Jeder Tag meines Lebens hat mich zu der Person gemacht, die ich heute bin.

Meine Kindheit war keine Idylle. Ich denke, auch dir fallen Situationen ein, in denen es dir nicht gut ging. Ich wette, dass niemand eine perfekte Kindheit hatte. Aber ein tieferes Verständnis unserer Lebensgeschichte führt zu einem tieferen Verständnis unserer Person – wer wir sind und wozu Gott uns geschaffen hat. Ja, Kummer und Leid haben wir alle erlebt, aber garantiert auch schöne Dinge.

Gott war da – in jeder schwierigen Situation, die du in deiner Kindheit erlebt hast. Er hat dich gerufen. Dich versorgt. Dich beschützt. Mit dir gefühlt, wenn es dir schlecht ging. Dich geliebt. Warum ließ er bestimmte Dinge zu und hat sie nicht verhindert? Ich weiß es nicht. Wir werden es wohl erst dann wissen, wenn wir ihm eines Tages gegenüberstehen. Aber wir wissen, dass er gut ist und dass er zu uns hält. Eines Tages werden wir alles verstehen. Doch bis dahin fordert Gott uns liebevoll auf, die Dinge mit seinen Augen der Barmherzigkeit zu sehen. Wir dürfen zusehen und lernen, wie er unsere Vergangenheit dazu benutzt, eine wundervolle Zukunft für uns zu schaffen.

> *Jesus,*
> *zeige mir, wie du mich als kleines Kind gesehen hast. Wie hast du in dieser Zeit über mich gedacht? Mit welchen Worten würdest du beschreiben, wer ich damals war?*

14.
Hungrig nach Gott

*Wie ein Hirsch nach frischem Wasser lechzt,
so sehne ich mich nach dir, o Gott!*

Psalm 42,2

. . . .

Was soll sich in deinem Leben verändern? Jeder Mensch hat irgendetwas in seinem Leben, in dem er nicht so erfolgreich ist, wie er es sich wünscht. Woran liegt das? Unsere inneren Kämpfe haben ihre Wurzeln vielleicht in der Vergangenheit, in der Angst vor einer Beziehung oder in dem starken Drang, alles zu kontrollieren. Das hat dann natürlich auch einen Einfluss darauf, wie wir uns selbst sehen – und weckt eine tiefe Sehnsucht nach Gott in uns.

Wir alle kennen Dinge in unserem Leben, die uns zu Gott hintreiben. Wir würden sie uns niemals freiwillig aussuchen oder sie anderen wünschen, aber es gibt mindestens einen, vielleicht auch zehn Bereiche in unserem Leben, durch die uns bewusst wird, dass wir Gott brauchen. Wir fühlen uns schwach und sehnen uns nach Veränderung. Es ist ein großes Geschenk, wenn wir den Kampf endlich aufgeben und alles bei dem Einen, der stark ist, abladen können.

Und glaub mir: Es ist keine Schande, dass du Jesus so verzweifelt brauchst. Aus irgendeinem Grund empfinden wir es als beschämend, wenn wir verzweifelt sind. Wir sehen Verzweiflung als ein Zeichen dafür, dass irgendetwas mit uns nicht stimmt. Aber dem ist nicht so. Gott hat uns mit voller Absicht so geschaffen, dass wir Jesus verzweifelt nötig haben. Wir haben ihn schon immer nötig gehabt und wir werden ihn immer nötig haben. Ich glaube zwar nicht, dass Gott das Unglück und den Schmerz in unserem Leben herbeiführt, aber ich weiß, dass er sie benutzt, um uns näher zu ihm zu bringen.

*Himmlischer Vater,
ich glaube, dass alle Dinge in meinem Leben zu etwas Gutem dienen, auch die schlechten Dinge. Bitt hilf mir, dass mich die Bereiche, in denen ich heute zu kämpfen habe, näher zu dir führen. Ich brauche dich mehr als den Erfolg in jedem einzelnen Bereich meines Lebens. Zeig mir heute deine Liebe. Herr Jesus, sei du meine Stärke in meiner Schwachheit. Ich erwarte alles von dir. Amen.*

15.
Geschichten, die uns prägen

*Der Herr streckte mir seine Hand von oben
entgegen und riss mich aus den tosenden Fluten.
Er befreite mich von der Übermacht meiner Feinde,
von allen, die mich hassten, denn sie waren viel
stärker als ich. Sie hatten mich überfallen – was
war das für ein schrecklicher Tag! Aber der Herr
hielt mich fest und half mir aus Angst und Gefahr.
Er befreite mich. So viel bin ich ihm wert!*

Psalm 18, 17–20

• •

Wenn du an deine Kindheit zurückdenkst, ist es möglich, dass Gott vielleicht von dir erwartet, dass du Menschen vergibst, die dich verletzt haben? Vergebung, genau wie echte Reue, ist ein Akt des Willens. Es ist außerdem ein Gebot Gottes. Wenn wir anderen vergeben, sagen wir damit nicht, dass das, was sie getan haben, richtig war. Ganz und gar nicht. Wir bringen damit zum Ausdruck, dass wir nicht mehr länger bereit sind, an unserem

Schmerz, unserer Wut und dem Gefühl, ungerecht behandelt worden zu sein, festzuhalten. Wir überlassen diese Menschen Gott, damit er sich mit ihnen befasst – und wir weigern uns, uns länger von ihnen verletzen zu lassen. Ich habe beschlossen, meiner Mutter zu vergeben. Ich vergebe meinem Vater. Ich vergebe sogar mir selbst. Mal wieder.

Die Geschichten unserer Vergangenheit, die uns geprägt haben, und die Worte, die über unser Leben ausgesprochen wurden und uns verletzt haben, haben nicht den Hauch einer Chance, wenn wir sie in das Licht von Gottes gigantischer Liebe und Barmherzigkeit stellen. Vielleicht kannst du jetzt noch nicht sehen, was bitte schön gut daran sein soll, aber eines Tages wirst du es erkennen. Ganz sicher! Es geschieht dann, wenn wir unser Leben mit Gottes Augen betrachten.

Jesus lädt uns ein, die Bereiche in uns wieder hervorzuholen, die wir versucht haben zu verstecken oder loszuwerden, weil wir gehofft haben, dass wir dann von anderen mehr akzeptiert werden. Gott möchte, dass wir ihn von ganzem Herzen lieben. Und zu diesem „ganzen Herzen" gehören auch die Teile unserer Persönlichkeit, die wir gerne verändern würden, die längst begrabenen Träume und die Wunden, die wir ignoriert haben.

Gott kommt dir zu Hilfe. Er hat dich nicht verlassen und wird das auch niemals tun. Manchmal kommt uns der Schmerz des Lebens fast unerträglich vor. Aber wenn wir uns dann in unserem Leid an Jesus wenden und ihn um Hilfe bitten, dann herrscht Freude im Himmel, das Negative hat keine Macht mehr über uns, und der Heilige Geist, der uns näher ist als unsere Haut, verändert uns mehr und mehr.

→| →| →|

Meine Vergangenheit hat mich zwar geprägt, aber ich bin nicht meine Vergangenheit. Meine Fehler und Schuld haben zwar eine Auswirkung darauf gehabt, wer ich heute bin, aber ich werde nicht durch meine Fehler und Schuld definiert. Jesus hat den Sieg für mich erkämpft!

16.
Du bist geschaffen nach Gottes Ebenbild

So schuf Gott den Menschen als sein Ebenbild, als Mann und Frau schuf er sie.

1. Mose 1,27

· ·

Die meisten kleinen Mädchen träumen davon, einmal ein Märchen zu erleben. Die große Überraschung beim Älterwerden ist aber nicht die, dass das Märchen ein Mythos war, sondern die Erkenntnis, dass das Leben viel gefährlicher ist, als man anfangs dachte. Wir leben in einem Märchen, aber oft scheint es so, als ob die böse Hexe gewinnt – oder der böse Drache. Das Leben ist nicht so, wie es ursprünglich geplant war. Feuer und Eis. Schönheit und Terror. Schmerz und Heilung. Das gehört alles zusammen. Wir wurden in diese Welt, wie sie jetzt ist, hineingeboren. Wir kamen und rangen nach Luft, und wir ringen heute noch danach.

Ein großer Teil des Kummers in unserem Leben wurzelt in der Frauenfeindlichkeit. Berichte über Gewalt, Vorurteile und Misshandlung von Frauen gibt es überall auf der Welt, auch bei uns. Manchmal geschieht es auf dramatische Weise, manchmal fast unmerklich.

Als Jesus auf den Plan trat, stellte er die Frauenfeindlichkeit auf den Kopf. Damals hätte kein Rabbi in der Öffentlichkeit das Wort an eine Frau gerichtet, noch nicht einmal an seine eigene (bei orthodoxen Rabbinern ist das heute noch so üblich). Selbst heutzutage ist es einem orthodoxen Juden verboten, eine Frau zu berühren, die nicht seine eigene ist oder mit der er nicht nahe verwandt ist. Und er darf auch nicht von ihr berührt werden. Jesus hielt sich nicht an solche Regeln. Während seines Dienstes hier auf der Erde hatte er oft mit Frauen zu tun. Er sprach mit ihnen. Er berührte sie. Er lehrte sie. Er schätzte sie wert. Und es gab Frauen, die sich um Jesu körperliches Wohl sorgten, ihn berührten, seine Füße wuschen, ihn mit Öl und mit ihren Tränen salbten. Jesus hatte selbstverständlich weibliche Jünger, die mit ihm durch das Land zogen, ihn unterstützten, von ihm lernten und zu seinen Füßen saßen. Wenn wir, die Gemeinde, der Leib Christi, dem Beispiel Jesu gefolgt wären, anstatt uns an menschliche Traditionen zu halten, die in der Sünde verwickelt sind, dann könnten wir in Bezug auf die Frauen dieser Welt auf eine ruhmreichere Geschichte zurückblicken.

Die gute Nachricht angesichts all des Negativen ist: Gott liebt jede Frau und jedes Mädchen. Je mehr wir unsere weibliche Rolle annehmen, desto mehr werden wir sie auch schätzen lernen und erkennen, wie viel wir einer zerbrochenen Welt zu bieten haben.

*Jesus,
ich danke dir, dass du in einer Welt, die von Frauenfeindlichkeit geprägt ist, die Frauen trotzdem liebst. Auch wenn ich mich mitten auf dem Schlachtfeld befinde, hilf mir zu lieben und nicht bitter zu werden. Segne du meine Weiblichkeit und hilf mir, dass ich sie annehme und schätze, damit ich dich immer besser kennenlerne! Amen.*

17.
Mehr als Überwinder

Denn wir kämpfen nicht gegen Menschen, sondern gegen Mächte und Gewalten des Bösen, die über diese gottlose Welt herrschen und im Unsichtbaren ihr unheilvolles Wesen treiben.

Epheser 6,12

· ·

Viele Frauen und Mädchen auf dieser Welt werden ungerecht behandelt oder leben in Gefahr. Die Bibel sagt sehr deutlich, dass der Ursprung des Bösen der Böse selbst ist. Wenn wir die Schuld woanders suchen, wird sich nichts ändern. Jesus nannte den Teufel den Prinzen dieser Welt. Er ist der Prinz der Dunkelheit, er ist mächtig, und sein einziges Ziel besteht darin zu stehlen, zu töten und das Leben in all seinen Formen zu zerstören. Er hat hier auf dieser Erde überall dort Macht, wo das Reich Gottes nicht in die Tat umgesetzt wird beziehungsweise sich nicht weiterentwickelt. Der Teufel ist die Ursache für die Feindseligkeit gegenüber Frauen und Mädchen, für den Hass, den du schon erlebt hast.

Doch vergessen wir nicht: Jesus hat durch seinen Tod am Kreuz, seine Auferstehung und seine Himmelfahrt den Sieg auf der ganzen Linie erkämpft. Alle Macht im Himmel und auf der Erde wurde ihm, dem sie rechtmäßig zusteht, wieder zurückgegeben. Und dann hat Jesus auch uns diese Macht verliehen.

Wenn wir erst einmal verstanden haben, dass der Teufel die Ursache für allen Hass gegenüber Frauen ist, wird es uns nicht nur deutlich leichter fallen, unser Leben zu verstehen, sondern unser Weg wird uns durch all die Kämpfe hindurch zum Guten hinführen, das Gott für uns bereithält und das wir anderen weitergeben sollen.

Wir sind mehr als Überwinder durch Christus, der uns Kraft gibt, und wir werden im Kampf nicht unterliegen. Gott ist unsere Stärke. Jesus ist unser Verteidiger. Er hat uns den Heiligen Geist gegeben. Und im Namen unseres Gottes und Retters entscheiden wir uns dazu, ihn zu lieben. Wir entscheiden uns dafür, Gott anzubeten, uns ihm hinzugeben. Und durch die Kraft von Jesus, der in uns wohnt, entscheiden wir uns dazu, Frauen Gottes zu sein, die sein Reich mit Liebe und mit voller Kraft voranbringen.

Danke, Gott, dass du uns Frauen und Mädchen geschaffen hast und wir eine so einzigartige und bedeutende Rolle in der Welt spielen dürfen. Bitte zeige mir, wie ich heute meine Gaben und meine Kraft als junge Frau für dich einsetzen kann. Amen.

18.
Miterben Christi

Die Schwierigkeiten bedrängen uns von allen Seiten, und doch werden wir nicht von ihnen überwältigt. Wir sind oft ratlos, aber nie verzweifelt. Von Menschen werden wir verfolgt, aber bei Gott finden wir Zuflucht. Wir werden zu Boden geschlagen, aber wir kommen dabei nicht um.

2. Korinther 4,8–9

· ·

Manchmal mag ich mich und meinen Körper nicht. Kennst du das auch? Aber es ist so: Wir können unserem weiblichen Körper nicht entrinnen, indem wir ihn ablehnen – genauso wenig wie wir etwas an der Frauenfeindlichkeit ändern werden, indem wir andere Mädchen oder Frauen hassen. Wenn wir andere Mädchen hassen, hassen wir uns selbst. Wenn wir die Rolle der Mädchen herabwürdigen, setzen wir uns selbst herab. Wenn wir eifersüchtig und neidisch sind und schlecht über andere Mädchen reden, helfen wir dem Teufel bei seinem Angriff auf sie. Ein solches

Verhalten bedeutet, dass wir mit ihm darüber übereinstimmen, dass das, was Gott gemacht hat, nicht gut ist.

Es wird Zeit, dass wir damit aufhören! Wir können diesen äußeren Kampf nur bestehen, wenn wir uns für die Liebe entscheiden. Nicht für die Anklage, nicht für Schuldzuweisungen, sondern für die Liebe.

Lasst uns gemeinsam unsere Rolle als Mädchen feiern! Die Wahrheit lautet nämlich: Wer wir als Frau sind, was wir bewirken, und die Rolle, die wir in der Welt, im Reich Gottes und im Leben der Männer, Frauen und Kinder spielen dürfen, sind von unschätzbarem Wert und Einfluss.

Das Reich Gottes wird nicht so weiterwachsen, wie es wachsen sollte, wenn die Frauen nicht aufstehen und ihre Rolle annehmen. Die Veränderung und Heilung eines Mannes erfordert die Nähe, Stärke und Barmherzigkeit einer Frau. Jungs werden nicht zu den Männern werden, die sie sein sollten, wenn es nicht Frauen gibt, die nach dem Willen Gottes leben und in ihr Leben investieren wollen. Mädchen werden nicht so, wie sie sein sollten, ohne die Kraft, Ermutigung und Weisheit anderer Frauen und Mädchen, die sie auf ihrem Weg fördern und begleiten.

Du bist eine junge Frau und bist nach dem Bilde Gottes geschaffen. Du bist eine Miterbin Christi. Du bist geschätzt, wertvoll und einflussreich. Du wirst heute von den Menschen gebraucht, mit denen du lebst, zur Schule gehst und die dir etwas bedeuten.

*Gott,
es tut mir leid, wenn ich abfällig über andere Frauen und Mädchen gedacht, sie verurteilt oder schlecht über sie geredet habe oder neidisch auf sie war. Ich danke dir für das Leben, das du mir gegeben hast, und ich entscheide mich für mein Leben. Bitte gebrauche es für dich. Amen.*

19.
Du bist wunderschön

Ich will euch trösten wie eine Mutter ihr Kind.

Jesaja 66,13

• •

Alles, was wir von unserer Mutter gelernt haben oder was sie an uns weitergegeben hat, hat uns geprägt. Ich hatte keine gute Beziehung zu meiner Mutter. Und vielleicht hast du auch unschöne Dinge erlebt. Trotzdem ist noch nicht das letzte Wort gesprochen, wie du einmal werden wirst. Jesus ist für dich gekommen! Du bist in eine neue Familie hineinadoptiert worden und hast nun neue Blutsverwandte.

Mütter können voller Liebe und Mitgefühl sein und unsere Bedürfnisse sehen und erfüllen. Aber Mütter verfügen auch über die Macht, uns Annahme, Wert und Liebe vorzuenthalten. Unsere Mütter haben uns gegenüber versagt, wenn sie – auch ohne es zu wollen – ein niedriges Selbstwertgefühl an uns weitergegeben oder unser Selbstwertgefühl von irgendetwas anderem abhängig gemacht haben als von der Tatsache, dass es uns gibt.

Gott tut das nicht. Unser Wert hängt nicht davon ab, was wir tun, welchen Weg wir wählen oder was wir glauben. Unser Wert ist ganz unabhängig von alldem. Er ist in uns angelegt, weil wir nach dem Bild des lebendigen Gottes geschaffen wurden.

Wenn wir nicht so wertvoll wären, dann hätte das Blut von Ziegen und Lämmern, Ochsen und Stieren ausgereicht, um die Menschheit aus der Gefangenschaft der Schuld freizukaufen. (Anm. der Übersetzerin: Bei den Israeliten im Alten Testament war es üblich, Schuld mit dem Blut eines Opfertieres zu sühnen, also ein begangenes Unrecht mit einem Opfer zu begleichen.) Freizukaufen aus der Gefangenschaft, die damals im Garten Eden begann. Und der Preis für die Befreiung war so hoch, dass niemand eine Lösegeldforderung stellte. Aber Gott wusste das alles. Er ließ uns nicht aus den Augen und griff ein.

Gott will jetzt und in Zukunft eine Mutter für dich sein und dich heilen. Hör nicht auf, dafür zu beten und nach dem zu suchen, was Gott für dich bereithält. Und vergiss niemals, dass du für deine Mutter ein Geschenk bist – auch wenn sie dir das vielleicht nicht so zeigen kann. Jede Mutter lernt mehr von ihren Kindern, als sie ihnen jemals beibringen kann.

Bereits als kleines Mädchen warst du wunderschön und von Herzen geliebt. Du hast einen himmlischen Vater, der sich von Anfang an über dich gefreut hat, der Freud und Leid jederzeit mit dir teilt und in deinem Leben wirkt, selbst wenn du es nicht immer merkst. Du bist unermesslich wertvoll. Dein Wert ist so hoch, dass er nicht in Zahlen ausgedrückt werden kann.

Welche Auswirkungen haben die Ansichten deiner Mutter über sich selbst, ihren Körper und ihre Rolle als Frau auf dich und auf dein Selbstbild? Bitte Jesus, dass er dir zeigt, wie er dich sieht. Bete für deine Mutter, dass auch sie immer mehr erkennt, wie Gott sie sieht.

20.
Ein zufriedenes Herz

Ich bin zur Ruhe gekommen. Mein Herz ist zufrieden und still. Wie ein Kind in den Armen seiner Mutter, so ruhig und geborgen bin ich bei dir!

Psalm 131,2

• •

Keine Mutter ist perfekt. Auch deine nicht. Meine Mutter war es auch nicht. Auch die Mutter meiner Mutter hat Fehler gemacht, und meine Söhne würden von mir dasselbe sagen. Auf die eine oder andere Weise wurden wir alle von unseren Müttern enttäuscht. Jeder von uns braucht in den Bereichen, wo er übersehen oder verletzt wurde, Heilung. Wir müssen unseren Müttern vergeben, wo sie uns enttäuscht haben. Jeder von uns braucht Gott, der uns in den Bereichen die mütterliche Fürsorge gibt, die wir vermissen.

Ja, Gott hat ein mütterliches Herz, und er kann jedes deiner Bedürfnisse stillen, jede Wunde in dir heilen und dich seine Barmherzigkeit in den Bereichen deines Herzens spüren lassen, wo du verzweifelt bist und dich nach Hilfe sehnst.

Ich liebe Psalm 131. Er ist wie eine Verheißung für mich. Egal, was wir von unseren Müttern bekommen oder nicht, es gibt Hoffnung für uns. Nichts ist unerreichbar für Jesus. Das Kind in dem Vers am Anfang des Kapitels ist zufrieden. Ich *bin zufrieden. Ich habe genug bekommen. Alles ist gut.* Ein Baby, das gerade gestillt wurde, ist ein zufriedenes Kind. Es ist satt. Ausgeglichen. Im tiefsten Inneren unseres Herzens können wir denselben Zustand erreichen. Wir können zufrieden sein. Gott ist an unserer Seite, und er hat uns auch andere Menschen zur Seite gestellt, die für uns da sind – und für die wir da sein können.

Manchmal schickt Gott uns Menschen über den Weg, die wie eine Mutter für uns sind. Geistliche Mütter. Freunde. Frauen, die uns beratend zur Seite stehen.

Und wenn es in deinem Leben gerade keine Frau gibt, von der du dich bemuttert fühlst, bitte Gott, dass er dir jemanden schickt. Natürlich gilt weiterhin: Gott will jetzt und in Zukunft eine Mutter für dich sein und dich heilen. Du musst es nur zulassen. Er will dir Orientierung geben, dich anleiten und dich trösten. Glaub mir, das kann er richtig gut!

*Jesus,
ich habe Hoffnung bekommen, dass du mich zufriedenstellen kannst. Obwohl es Verletzungen aus meiner Kindheit gibt und in meiner Familie auch heute noch verletzendes Verhalten stattfindet, glaube ich, dass ich bei dir zur Ruhe kommen kann. Danke, dass ich jetzt ruhig und geborgen bin bei dir. Amen.*

21.
Das bedeutendste Spiegelbild

Und wenn ihr euch noch so viel sorgt, könnt ihr doch euer Leben um keinen Augenblick verlängern. Weshalb macht ihr euch so viele Sorgen um eure Kleidung? Seht euch an, wie die Lilien auf den Wiesen blühen! Sie können weder spinnen noch weben. Ich sage euch, selbst König Salomo war in seiner ganzen Herrlichkeit nicht so prächtig gekleidet wie eine dieser Blumen.

Matthäus 6,27–29

• •

Meine Mutter sagte immer: „Wer schön sein will, muss leiden!", was bedeuten sollte: Schönsein ist wichtiger als sich gut zu fühlen. Stöckelschuhe, in die wir unsere Zehen quetschen. Formende Unterwäsche. Enthaarungscreme. Härchen zupfen. *Geld ausgeben*!

Vielleicht ist das der Grund, warum ich viel zu viel Zeit vor einem beleuchteten Vergrößerungsspiegel verbrachte und dabei kritisch meine Haut, mein Gesicht und die schrecklichen Kinnhärchen begutachtete, die aus dem Nichts aufzutauchen scheinen. Mein Mann fordert mich immer wieder auf, den Spiegel doch endlich wegzuwerfen. Vielleicht schaffe ich es irgendwann, wenn ich endlich keine kleinen, stoppeligen Härchen mehr habe. Oder besser: Vielleicht werde ich ihn wegwerfen, wenn meine Seele die Wahrheit, die Gott über mich sagt, vollständig erfassen kann.

Eigentlich hat Gott mich schon vor Jahren dazu aufgefordert, den Vergrößerungsspiegel wegzuwerfen und frei zu sein, frei davon, die zahlreichen Makel in meinem Gesicht und in meiner Seele zu begutachten, anstatt an das Spiegelbild zu glauben, das er mir zeigt.

Das einzige Spiegelbild, das wirklich von Bedeutung ist, ist das, was wir in Gottes liebevollen und freudigen Augen sehen. Was sieht er? Was sagt er? Er sagt uns, dass wir *jetzt, in diesem Augenblick*, schön sind.

*Jesus,
wie siehst du mich heute? Wenn du mir ganz nah bist und mich genau ansiehst? Hilf mir, dass ich mich selbst so sehen kann, wie du mich siehst.*

22.
Mit den anderen mithalten

*Herr, du durchschaust mich,
du kennst mich durch und durch.*

Psalm 139,1

. . . .

Der US-amerikanische Politiker Theodore Roosevelt hat einmal gesagt: „Wir sind so lange zufrieden, bis wir anfangen uns zu vergleichen." Er hat recht. In unserer Welt ist es so einfach, sich mit anderen zu vergleichen. Und dann stellen wir schnell fest, dass wir nicht mithalten können. Wir neigen dazu, unsere schlechtesten Seiten mit den besten Seiten einer anderen Person zu vergleichen, und dadurch fühlen wir uns schrecklich und lehnen uns ab.

Und das ist genau das Gegenteil von dem, was Jesus tut.

Er sagt, dass du jetzt, in diesem Augenblick, genau richtig bist, so wie du bist. In diesem Moment lädt er dich ein, deinen Körper anzunehmen, deine Persönlichkeit anzunehmen, dich selbst anzunehmen. Einfach so, wie du bist. Er hat dich so gemacht, wie du bist. Er wartet nicht darauf, dass du zuerst jemand anderes wirst, damit er dich lieben kann. Er liebt dich *jetzt*. Ohne Kompromisse. Er nimmt dich *jetzt* an. Und er nimmt dich nicht nur an, er zieht dich an sich und liebt dich, und er möchte, dass du das auch tust.

Ich weiß, für die meisten ist das mit der Selbstliebe ein ziemlicher Spagat, aber du sollst wissen, dass das nichts mit Arroganz zu tun hat oder damit, dass man sich einfach mit einer schlechteren Version von sich selbst zufriedengibt. Wenn wir uns selbst lieben, nehmen wir an, was Gott gemacht hat: Er hat uns auf kreative Weise erschaffen, und was er macht, ist immer gut. Selbstliebe bedeutet, Gott zu vertrauen; zu glauben, dass alles, was er geschaffen hat, wunderbar und gut ist. Und dazu gehörst auch du. Du bist die Einzige, die du selbst sein kannst. Du musst dich so annehmen, wie du geschaffen wurdest. Dann erkennst du immer besser, wer du eigentlich bist – für die Welt, für das Königreich Gottes und für die Menschen in deinem Umfeld.

> *Was würdest du tun, wenn dir alle Wege offenstünden und du wüsstest, dass du vollen Erfolg dabei hättest?*

23.
Gottes Geschenk

*Ins Weinhaus hat er mich geführt,
dort zeigt er mir, dass er mich liebt.*

Hoheslied 2,4

. . . .

Unser Körper ist Gottes Geschenk an uns. Durch ihn erleben wir die Welt. Unsere fünf Sinne sind wie Fenster, die unser Leben hell machen. Wir müssen uns selbst gut behandeln und auch um unseren Körper müssen wir uns ausreichend kümmern. Wenn wir Hunger haben, müssen wir etwas essen. Wenn wir müde sind, dürfen wir diese Signale nicht übergehen, sondern müssen uns ausruhen. Es ist gut, den Körper durch Sport und Bewegung zu kräftigen. Auch positive Bemerkungen über uns selbst und unseren Körper gehören zu einer gesunden Lebensweise dazu.

Überrascht dich der letzte Satz?

Erst gestern Abend habe ich mich dabei ertappt, wie ich mich darüber beschwerte, dass mein Körper hässlich sei. Ich bereute es sofort und sprach laut zu mir selbst: „Nein. Mein Körper ist nicht hässlich. Ich liebe meinen Körper. Ich bin schön."

Ich hatte mich dabei ertappt, wie ich mich selbst erniedrigte. Also hörte ich sofort damit auf und entschied mich stattdessen, mich laut an das zu erinnern, was Gott über mich sagt. Ganz ehrlich, der Effekt ist einfach gigantisch und erfrischend!

Die Veränderungen in der jetzigen Wachstumsphase deines Körpers verursachen vielleicht Gefühle des Unwohlseins in dir. Du wirst größer. Oder nimmst zu. Deine Hormone spielen verrückt. Deine Brüste vergrößern sich – oder auch nicht. (Eigentlich haben oder hatten die meisten Frauen, die ich kenne, Probleme mit ihren Brüsten: Entweder sie schämen sich für sie, oder sie sind einfach enttäuscht über ihr Aussehen. Mir ging es genauso.)

Aber Scham- und Verlegenheitsgefühlen wegen deines Körpers solltest du keinen Raum geben. Bei Jesus Christus gibt es keine Scham.

*Sprich die Wahrheit jetzt in diesem Augenblick
laut aus:*

„Ich bin hübsch."
„Ich bin geliebt."
„Gott sagt, ich bin liebenswert."
*„Mein Körper ist einzigartig und wunderschön,
und Gott liebt ihn, so wie er ist."*

Laut ausgesprochen liegt viel Kraft in diesen Worten!

24.
Sorge für dich selbst – du bist es wert!

*Das Auge gibt dir Licht. Wenn deine Augen
das Licht einlassen, wirst du auch im Licht leben.
Verschließen sich deine Augen dem Licht,
lebst du in Dunkelheit. Wenn aber das Licht
in deinem Innern erloschen ist,
wie tief ist dann die Finsternis!*

Matthäus 6,22–23

· ·

Wenn wir in den Spiegel schauen, sehen wir jeden Makel. Wir sehen alle unsere Defizite. Was in unseren Augen irre hässlich aussieht, wird von anderen kaum bemerkt.

In der Mittelstufe versteckte ich mein Gesicht immer hinter meinen Haaren. Ich hatte lange, glatte Haare und versuchte stets darauf zu achten, dass möglichst nicht mehr als meine Nase zu erkennen war. Deshalb hatte ich auch so viele Pickel im Gesicht.

Nicht diese unscheinbaren, kleinen, weißen, sondern die riesigen, leuchtend roten – das reinste Clearasil-Testgelände.

Meine Liebe, du bist nicht allein damit. Die körperlichen Veränderungen auf dem Weg zum Frausein können unangenehm und peinlich sein. Aber diese Zeit wird vorbeigehen.

Du bist du. Einzigartig. Phänomenal. Wunderschön. „Eigenartig." Und unvollkommen. Bei Jesus, wie auch bei allen anderen Menschen, die dir nahestehen, brauchst du dein wahres Ich nicht zu verstecken. Eigentlich sollst du dich überhaupt nicht verstecken.

Zu manchen Zeiten kann es schwierig sein, sich darüber zu freuen, wie Gott dich gemacht hat, besonders in den Teenie-Jahren. Wer groß ist, möchte lieber klein sein. Wer klein ist, möchte lieber groß sein. Ein Lockenkopf wünscht sich glatte Haare, während der, der lange Haare hat, unzufrieden ist, weil die Haare nicht genug Volumen haben. Wir fühlen uns zu dünn oder zu dick, zu klein oder zu groß, zu unauffällig oder zu auffällig. Und das alles fühlt sich nicht gut an.

Du bist es wert, dass du dich um dich selbst kümmerst. Um deinen Körper und um deine Seele. Du bist es wert, dich anzunehmen. Du bist es wert, liebevoll mit dir umzugehen. Wie kannst du dich heute um dich selbst kümmern?

Mein Körper und meine Seele sind es wert, dass ich mich heute um sie kümmere. Gott hat sie geschaffen – und sie sind unbezahlbar!

25.
Gott hat große Träume

*Denn wie der Himmel die Erde überragt,
so sind auch meine Wege viel höher als eure Wege
und meine Gedanken als eure Gedanken.*

Jesaja 55,9

• •

Wer bist du also? Um das herauszufinden, kannst du dir einfach die Fragen stellen: Was gefällt mir? Was würde ich mit meinem Leben machen, wenn ich ganz frei entscheiden könnte?

Vor Jahren war ich in einer kleinen Gruppe, in der wir aufgefordert wurden, zu träumen und unsere Wünsche auf ein Blatt Papier zu schreiben. Wir sollten alles aufschreiben, was uns einfiel, und durften die Liste nicht überarbeiten. Nichts war zu klein oder zu groß, um es niederzuschreiben. Meine Liste wurde zwei Seiten lang und umfasste ganz unterschiedliche Wünsche: meinen Garten zu pflegen, meine gewünschte Kleidergröße, die Hoffnung, mit meinem Mann ausreiten zu können, die Heilung, die ich für ein paar mir nahestehende Menschen erhoffte, und den Wunsch, die Hochzeit einer ledigen Freundin mitzuerleben.

Ich fand diese Liste vor ein paar Jahren wieder, und zu meinem großen Erstaunen stellte ich fest, dass jeder einzelne Wunsch in Erfüllung gegangen war. Meine Wünsche waren tatsächlich wahr geworden!

Gott hat große Träume. Und er fordert uns auf, gemeinsam mit ihm große Träume zu entwickeln. Gott hat in jeden von uns Träume und Wünsche hineingelegt, die nur uns gehören. Wenn wir unseren Geist, unseren Verstand, unser Herz und unsere Vorstellung den Dingen gegenüber öffnen, die wir uns wirklich wünschen, dann geben wir dem Heiligen Geist die Möglichkeit, in unserem Inneren Bereiche zu wecken, die in einem tiefen Dornröschenschlaf lagen – einem Schlaf, der verhindert, dass sich Träume erfüllen.

Gott ist ein Träumer. Er träumt von dir und hat auch ganz bestimmte Träume für dich. Welche Träume könnte er heute für dich haben?

Jesus,
ich möchte die Träume kennen, die du für mich hast. Bitte gestalte du meine Träume und zeige mir, was sie über dich aussagen. Amen.

26.
Was kann Gott nicht tun?

Denn ich allein weiß, was ich mit euch vorhabe: Ich, der Herr, werde euch Frieden schenken und euch aus dem Leid befreien. Ich gebe euch wieder Zukunft und Hoffnung.

Jeremia 29,11

• •

Wenn du mit Gott träumst, dann denke dabei nicht: „Wie kann ich das umsetzen?" Wenn du mit Gott träumst, geht es nicht um das *Wie*. Es geht um das *Was*. Wenn alles möglich wäre, was würdest du dir dann für dein Leben wünschen? Und für das Leben derer, die du liebst?

Es ist viel einfacher, für andere Menschen zu träumen, Wünsche für unsere Familie und Freunde zu formulieren. Wir können uns ziemlich gut vorstellen, was wir anderen für ihr Leben wünschen, in welchen Bereichen wir uns Heilung und Freiheit für sie erhoffen. Aber Träume für unser eigenes Leben auszusprechen, fällt uns ziemlich schwer.

Deine Träume und Sehnsüchte sind ein Teil der einzigartigen, wundervollen jungen Frau, die du bist. Es geht nicht so sehr darum, diese Wünsche exakt benennen zu können, sondern vielmehr darum, Gott den Zugang zu den Bereichen deines Herzens zu gestatten, in die deine Träume und Wünsche hineingepflanzt sind. Dort spricht Gott zu dir.

Wünsche zu haben ist in Ordnung, und auch der Wunsch nach mehr ist in Ordnung. Das hat nichts damit zu tun, dass man unzufrieden ist oder seine Situation nicht akzeptiert. Wenn wir unsere Wünsche zulassen, sind wir für das Mehr offen, das Gott für unser Leben vorgesehen hat. Die Möglichkeiten sind unbegrenzt! Vielleicht nicht gleich für den nächsten Tag, aber für dein *Leben*.

Was würde Gott überfordern? Was ist ihm unmöglich? Was ist für ihn zu schwierig in deinen Beziehungen, deinen Erfolgen, deiner Kreativität, den vielen Ausdrucksmöglichkeiten deiner Persönlichkeit? Die meisten von uns möchten ein ganzes Leben lang wachsen und sich weiterentwickeln. Natürlich müssen wir uns auch hin und wieder einmal ausruhen, aber ein lebendiges Herz ist einfach neugierig und stets begierig nach mehr.

Gott,
hilf mir, die Träume zu träumen, die du für und über mich hast. Ich entscheide mich heute dafür, mir nicht um das Wie Gedanken zu machen. Ich bin offen für all die Möglichkeiten, die du für mich hast. Amen.

27.
Ein wachsames Herz

*Abraham zweifelte nicht und vertraute Gottes
Zusage. Sein Glaube wurde dadurch gestärkt,
er gab Gott die Ehre.*

Römer 4,20

. . . .

David Kohl, emeritierter Professor an der Virginia Universität in Blacksburg, USA, behauptet, dass Menschen, die regelmäßig ihre Träume und Wünsche aufschreiben, im Laufe ihres Lebens neunmal mehr verdienen als die, die das nicht tun. (Überlege einmal, was du damit alles machen könntest! Was könntest du alles damit Gutes tun? Was könntest du alles Spannendes erleben?) Lebensträume werden bei den Menschen wahr, die sich erlauben zu träumen, die ihre eigenen Träume haben, sie aufschreiben und regelmäßig prüfen.

Sechzehn Prozent der Amerikaner sagen, sie haben Träume, aber sie schreiben sie nie auf. Vier Prozent haben Träume und Wünsche und schreiben sie auf, aber weniger als ein Prozent überprüfen sie dann erneut und aktualisieren sie. Aber die meisten Amerikaner (80 Prozent) sagen, sie hätten keine Träume, und ich kann mir gut vorstellen, warum das so ist. Das Leben kann einem manchmal die Träume geradezu „heraussaugen". Aber der lebendige Gott möchte diese Träume wieder in uns hineingießen.

Ich möchte dich dazu ermutigen, deine Träume auch aufzuschreiben. Wenn du erst einmal damit angefangen hast, wirst du merken, dass es tatsächlich viele Dinge gibt, die du dir wünschst. Falls dir das schwerfällt, dann könntest du einfach damit beginnen, deine Vorlieben aufzuschreiben, vom Duft des Flieders bis zur Kuscheldecke oder das gemeinsame Lachen mit Freunden. Diese Übung dient dazu, dass du dir selbst bewusst machst, welche Dinge du genießt.

Es ist gut, mit Gott in die Stille zu gehen und ihn zu fragen: „Gott, was will ich eigentlich?" Und dann frage ihn: „Was willst *du* für mich?" Träume haben, die Gott in uns hineingelegt hat, bedeutet nicht, dass wir darauf aus sind, Besitztümer anzuhäufen oder Erfolg zu haben. Es geht darum, dass wir uns so annehmen, wie wir sind und wie Gott uns geschaffen hat. Er ist unser wahr gewordener Traum und die wahre Liebe unseres Herzens. Aber wir können Gott nicht von ganzem Herzen lieben, wenn unser Herz schläft. Jesus lieben bedeutet, dass wir es wagen, aufzuwachen und unser Wünschen und Wollen zuzulassen.

Scheust du dich davor zu träumen? Ist dir die Hoffnung zu riskant? Bedenke, dass wir Gott niemals übertrumpfen können. Seine Gaben, seine Liebe und seine Träume sind immer größer als unsere eigenen. Erlaube dir, große Träume zu träumen! Wenn du keinen Traum hast, wie soll dann je ein Traum wahr werden?

*Jesus,
bitte komm und führe mich. Heiliger Geist, erfülle mich. Träume mit mir und in mir. Hilf mir, die Wünsche zu erkennen, die du mir ins Herz gelegt hast, und sie aufzuschreiben. Hilf mir, große Träume zu träumen. Amen.*

28.
Künstliche Schönheit

Denn alles, was Gott geschaffen hat, ist gut.

1. Timotheus 4,4

. . . .

Die Definition von Schönheit ist von Kultur zu Kultur unterschiedlich, und auch die Ansichten darüber ändern sich im Laufe der Zeit immer wieder.

„Hier seht ihr, was Schönsein bedeutet", wird uns in der Werbung und in den Medien erklärt. „So musst du aussehen! So musst du versuchen zu sein! Du wirst es zwar niemals schaffen, aber versuch es bitte weiter, denn durch deine Misserfolge werden wir reich!"

All deine vergeblichen Bemühungen geben dir ein miserables Gefühl. Das ist garantiert beabsichtigt. Und wenn du mich fragst: Ich finde das richtig gemein.

Wir sind nicht dafür vorgesehen, dass wir uns nach dem richten, was die Gesellschaft uns als Spiegel vorhält. Das bringt keine dauerhafte Erfüllung.

Während ein großer Teil der Welt an Hunger leidet, verdient die Ernährungsindustrie Billionen. B.i.l.l.i.o.n.e.n! Verschiedene Abnehmprogramme und Diätprodukte, die uns ein dauerhaftes Wunschgewicht versprechen, sind wie ein Köder, der nur falsche Hoffnungen in uns weckt. Diese Hoffnungen werden nicht lange anhalten, weil all diese Programme zum Scheitern verurteilt sind. Uns ist das allerdings oftmals nicht bewusst. Wir geben uns selbst die Schuld, wenn es nicht funktioniert, und je länger wir uns damit herumquälen, desto mehr verachten wir uns selbst.

Wir verlieren die Hoffnung. Auf einmal hören wir von einer neuen Abnehm-Methode und denken: „Was soll's? Dann versuchen wir es eben noch einmal." Ich kenne das. Ich habe fast alle Methoden ausprobiert, die es überhaupt gibt. Sie funktionieren aus dem Grund nicht, weil wir uns abstrampeln, um uns in ein Schönheitsmuster hineinzupressen, das von außen vorgegeben ist. Wahre Schönheit ist jedoch ein innerer Prozess. Er fängt zuerst in unserem Inneren an. Es geht um unser Herz.

Natürlich wollen wir auch schön sein. In Wahrheit bist du es aber bereits! Und ich auch. Möge Gott mir und dir dabei helfen, dieser Tatsache immer besser und immer öfter glauben zu können. Immer dann, wenn wir nicht glauben, dass wir schön sind, stellen wir uns selbst in den Schatten. Und das wird nie zu dem Leben führen, nach dem wir uns so sehr sehnen.

Eine Frau wird wahrhaft schön, wenn sie weiß, dass sie geliebt ist. Vergiss nicht, du bist nach dem Ebenbild Gottes geschaffen! Er ist ein Künstler, und das Werk eines Künstlers sagt etwas über den aus, der es geschaffen hat. Du bist umwerfend schön, weil Gott dich gemacht hat!

*Himmlischer Vater,
wenn ich mich umschaue und sehe, was du alles geschaffen hast, dann kann ich nur staunen! Die Schönheit deiner Schöpfung – die Berge, die Sterne, das funkelnde Meer – steckt in jedem Detail. Ich weiß, dass auch ich zu deiner Schöpfung gehöre – zur Krone deiner Schöpfung. Danke, dass du mich über alles liebst. Amen.*

29.
Wahre Schönheit

Macht euch keine Sorgen um äußere Schönheit, die auf modischen Frisuren, teurem Schmuck oder schönen Kleidern beruht. Eure Schönheit soll von innen kommen – das ist die unvergängliche Schönheit eines freundlichen und stillen Herzens, das Gott so sehr schätzt.

1. Petrus 3,3–4; NL

• •

Was wollte Petrus damit sagen? Er meinte *nicht*: „Kümmert euch nicht um eure Frisur oder tragt keinen Schmuck." Das sollte auch *nicht* heißen: „Zieht nur schäbige, unmoderne Kleidung an." Nein! Er wollte sagen: „Konzentriert euch nicht auf eure äußere Erscheinung, sondern widmet eure Aufmerksamkeit hauptsächlich eurem Herzen."

Du bist ein Kind Gottes, und deine Schönheit ist beeindruckend. Als Ebenbild des lebendigen Gottes besitzt du eine makellose Schönheit, die in die Tiefe geht, die echt ist und die bis in den Kern deiner Seele reicht. Sie wird zwar natürlich auch äußerlich sichtbar, ist aber in erster Linie eine innere Eigenschaft. Diese Schönheit erstrahlt, wenn sie auf einem Fundament aus Vertrauen, Sicherheit und einem glücklichen Herzen gegründet ist. Ich will dir ein Geheimnis verraten: *Den Höhepunkt deiner optischen Schönheit erreichst du erst dann, wenn du dich **nicht** zwanghaft mit ihr beschäftigst.*

Und was ist mit „freundliches und stilles Herz" gemeint? Im Flüsterton zu sprechen und niemals wütend zu werden?! Nein, damit ist vielmehr ein Herz gemeint, das erfüllt ist mit Glauben. Nicht mit Zweifel. Nicht mit Sorge. Nicht mit Ängstlichkeit. Schönheit strahlt aus dem Herzen einer jungen Frau, die ganz sicher weiß, dass jemand sie liebt, sie sieht und kennt, die weiß, dass sie gewollt ist und dass ihr himmlischer Vater sie für liebenswert hält. Diese junge Frau hat ein gesundes Selbstbewusstsein. Und dieses Selbstbewusstsein macht schön.

Auch du kannst das haben. Du bist eine wahre Schönheit. Glaub mir! Und es ist richtig und gut, dass du schön sein willst, denn du bist ein Abbild der größten Schönheit im Universum.

*Jesus,
danke, dass du mich schön findest. Manchmal bin ich mir nicht sicher, ob das wirklich stimmt, aber ich glaube, dass du meine Sicherheit bist, und ich möchte offen sein für das, was du in mir tun willst. Amen.*

30.
Jesus kann

*Denn ohne mich könnt ihr
nichts ausrichten.*

Johannes 15,5

. . . .

Hast du manchmal das Gefühl, du schaffst es nicht, dich so zu verändern, wie du es gerne möchtest? Da hast du vollkommen recht! *Du* kannst es nicht. Aber Jesus kann es. *Christus in dir kann es.* Er ist das Geheimnis! Jesus kam in den schlimmsten Albtraum hinein, den man sich vorstellen kann, und hat durch seinen Tod am Kreuz die Schlüssel der Hölle und des Todes in Besitz genommen. Er ist auferstanden und sitzt nun an der rechten Seite Gottes. Derselbe Jesus

- stillte den Sturm und ging auf dem Wasser,
- heilte die Kranken und gab Tausenden zu essen,
- machte die Blinden sehend, die Tauben hörend und erweckte Tote zum Leben,

- ließ die Kinder zu sich kommen,
- vergab den Sündern und trieb Dämonen aus.

Und das tut er heute noch immer. Jesus ist auch heute derselbe wie damals, und seine Schönheit, sein Mut und seine Herrlichkeit leben nun in dir. Jesus Christus ist dein Leben, dein Atem, deine Hoffnung und dein Mut. In ihm lebst du, atmest du und existierst du. Und getrennt von ihm kannst du nichts tun. Aber wenn du erst einmal Jesus in dein Leben eingeladen hast, wirst du nie wieder getrennt von ihm sein.

Du bist in seiner Hand und nichts kann dich aus dieser Hand reißen. Das ist das Geheimnis von wahrer Schönheit! Wir verlassen uns immer mehr auf Jesus und bitten ihn, sein Leben durch uns zu leben. Und während er das tut, werden wir in das Bild Gottes verwandelt.

*Jesus,
je besser ich dich kennenlerne, desto klarer wird mir, dass ich ohne dich nichts Gutes tun kann! Je besser ich dich kennenlerne, desto mehr wird mir bewusst, dass ich nur dann erkennen kann, wozu du mich geschaffen hast, wenn ich dich kenne. Amen.*

31.
Gott, der Künstler

*Gott spannte den Himmel aus
über dem leeren Raum; die Erde hängte er auf
im Nichts. Er füllt die Wolken mit Wasser,
und doch reißen sie nicht unter ihrer Last.
... Das alles sind nur kleine Fingerzeige,
ein leises Flüstern, das wir von ihm hören!
Die Donnersprache seiner Allmacht aber –
wer kann sie begreifen?*

Hiob 26,7–8,14

. . . .

Manche Dinge können statistisch erfasst werden. Das Gewicht. Die Größe. Das Alter.

Aber wie misst man die Schönheit einer tröstenden Berührung? Die Freude eines Lächelns? Die Wärme einer Umarmung? Wie zählt man die Tränen des Mitleids? Wie kann man den Klang eines Lachens, in dessen Gegenwart du das Gefühl hast, die Welt sei in Ordnung, in Zahlen ausdrücken?

Wie lässt sich Schönheit messen? Wie wäre es, wenn man einen toten Schmetterling an ein Brett heften würde? Wie könnte man so etwas über das Wunder seiner Flugtechnik erfahren? Wie könnten wir dann seine wundervollen Lufttänze beobachten?

Äußere Schönheit ist eine Sache, die nur dann gemessen werden kann, wenn wir die Maßstäbe für die Messung akzeptieren. Jugend vergeht, und deshalb verblasst auch die jugendliche Schönheit. Aber wer will schon in einem Käfig leben und sich vor den verheerenden Auswirkungen der Zeit fürchten? Das Leben will gelebt werden! Schönheit, wahre Schönheit, vermehrt sich. Sie vermehrt sich im Laufe der Zeit, wenn sie verschenkt und geteilt wird. Sie vermehrt sich, wenn wir die Augen öffnen für die Schönheit, die uns in Gottes Schöpfung umgibt und die wir in denen erkennen können, die sein Bild in sich tragen. Sie wächst, während Jesus unsere Herzen mit seinem Wesen immer mehr für sich gewinnt und wir ihm immer ähnlicher werden. Sie wird größer, wenn wir glauben, dass wir sind, was er behauptet: seine geliebten Kinder.

Wie kannst du die Schönheit eines Sonnenuntergangs messen? Die Schönheit eines Kinderlachens? Die Schönheit des lebendigen Gottes? Deine Schönheit?

Die Liebe ist immer das höchste Ziel. Damit meine ich die Liebe zu Gott, die Liebe zu unseren Mitmenschen und die Liebe zu uns selbst. Ich will nicht so leben, dass ich mir selbst keine Beachtung schenke, sondern anerkennen, dass ich eine facettenreiche, geheimnisvolle Frau bin, die andere auf eine einmalige, unverwechselbare Weise mit Jesus bekannt macht. Gott sagt, dass du wunderschön bist. Denk dran: Er muss es wissen!

*Gott sagt, dass ich wunderschön bin.
Ich entscheide mich heute, diese Wahrheit zu glauben.*

32.
Frei, du selbst zu sein

Gott ist in ihrer Mitte und beschützt sie schon früh am Morgen; nie wird sie zerstört.

Psalm 46,6

. . . .

Jesus lädt uns ein, in der Schönheit, die er uns verliehen hat, zu relaxen. Wir sollten damit aufhören, ständig einer tadellosen Perfektion hinterherzurennen, die vielleicht einer Puppe gut steht oder ein exzellentes Cover für eine Zeitschrift abgeben würde, aber in der Realität nie erreichbar ist. Je mehr wir erkennen, wie Jesus wirklich ist, desto mehr werden wir ihn lieben. Je mehr wir ihn lieben, umso mehr wird unser Leben verwandelt und umso schöner werden wir.

Damit du zu dir selbst finden kannst, brauchst du Jesus. Er gibt dir Kraft, wenn dein Glaube zu schwach ist. Wir brauchen ihn, damit er seine unendlich große Liebe in die Winkel unseres Herzens hineinhaucht, die von Furcht wie erstarrt sind. Wir brauchen ihn, weil er uns immer wieder neu Hoffnung schenkt, sich um unsere Herzen kümmert und uns immer wieder sagt, wer wir sind. Wir können es nicht alleine schaffen.

Gott sei Dank sind wir nicht allein. Gott ist bei uns und hilft uns, uns mit seinen Augen zu sehen.

*Lieber Vater im Himmel,
ich brauche jetzt deine Hilfe. Heute kommt vieles auf mich zu, aber für dich ist der Tag keine Überraschung. Ich lege diesen Tag in deine Hände und auch mein ganzes Leben. Ich vertraue darauf, dass du mich immer mehr erfüllst und mir alles gibst, was ich für die kommenden Herausforderungen brauche. Danke, dass ich dank deiner Hilfe nicht fallen werde! Amen.*

33.
Wer, glaubst du, bist du?

*Denn der Geist Gottes, der in euch wirkt,
ist stärker als der Geist der Lüge, von dem
die Welt beherrscht wird.*

1. Johannes 4,4

• •

Vor einigen Jahren saß ich in einem Gottesdienst und war stimmungsmäßig auf dem Nullpunkt. Ich fühlte mich abgrundtief hässlich. Ich fand, dass ich wie Jabba, der Hutte aus „Star Wars", aussah. (Keine besonders nette Vorstellung von sich selbst, ich weiß.) Ich fragte Gott verzweifelt: „Welches Bild hast du von mir?"

Und dann sah ich vor meinem inneren Auge eine kniende Frau. Die Sonne, die durch das Fenster schien, umgab sie mit einem goldenen Lichtkranz. Die Frau trug ein hübsches weißes Satinkleid. Ihr Haar war kunstvoll frisiert und mit Perlen geschmückt. Sie war wunderschön.

Er fand mich damals wunderschön. Und er findet mich heute wunderschön.

Wenn Gott seine Tochter ansieht – mich, dich, jedes seiner geliebten Kinder –, betrachtet er sie nicht durch den Schleier der Sünde, den Mantel ihres Versagens oder durch den Nebel ihrer Vergangenheit. Wenn Gott uns ansieht, dann sieht er uns durch das Blut seines Sohnes Jesus an. Du bist eine makellose, reine, atemberaubende Braut.

Wer, glaubst du, bist du? Wer wirst du einmal sein? Hast du eine Vorstellung davon, wer du einmal werden könntest? Wie sieht Gott dich? Welches Bild hat Gott davon, wie du einmal sein wirst? Du musst ihm diese Fragen unbedingt stellen. Und dann warte auf seine Antwort.

Wenn wir eine Vorstellung von der Person haben, die wir einmal sein werden, wird auch unsere Gegenwart davon bestimmt. Denn wir leben dann bereits mit dem Wissen, wer wir morgen sein werden. Wichtig bei alldem ist, dass wir uns dazu entscheiden zu glauben, wer wir nach Gottes Aussage sind. Anschließend können wir ganz relaxt sein, weil wir wissen, dass Gott für unsere Veränderung die Verantwortung trägt. Wir stützen uns auf ihn. Wir werden Fehler machen. Er nicht.

Ich verkünde heute, dass Christus in mir stärker ist als der Geist der Lüge, von dem die Welt beherrscht wird. Ich verkünde, dass ich durch die Kraft Jesu, der in mir lebt, eine Frau Gottes sein werde, die ihm helfen wird, der Welt von seinem Reich zu erzählen. Amen!

34.
Im Einklang mit Gott

Ich setze nicht die Waffen dieser Welt ein, sondern die Waffen Gottes. Sie sind mächtig genug, jede Festung zu zerstören, jedes menschliche Gedankengebäude niederzureißen, einfach alles zu vernichten, was sich stolz gegen Gott und seine Wahrheit erhebt. Alles menschliche Denken nehmen wir gefangen und unterstellen es Christus, weil wir ihm gehorchen wollen.

2. Korinther 10,4–5

• •

Von dem französischen Philosophen René Descartes stammt das berühmte Zitat: „Ich denke, also bin ich." Ich würde einen Lückentext daraus machen:

Ich denke, dass ich _____ bin, also bin ich _____.
Ich denke, dass ich nett bin, also bin ich nett.
Ich denke, dass ich auserwählt bin, also bin ich auserwählt.

Ich denke, dass ich liebevoller werde, also werde ich liebevoller. Ich denke, dass ich die Sünde nie loswerde, also werde ich die Sünde nie los.

Was denkst du über Gott? Was denkst du über dich selbst? Wer bist du? Worum geht es deiner Meinung nach im Leben? Was hältst du für die Wahrheit? Denn das, was du denkst, färbt auf deine Realität ab und hat einen direkten Einfluss darauf, wie du dein Leben lebst. Wir bewegen uns auf das zu, worauf wir unseren Fokus richten. Wir werden geprägt von dem, womit wir uns beschäftigen und was wir als wertvoll erachten. Was denkst du also?

Was wir denken, ist enorm wichtig. Wir sollten es uns zur Gewohnheit machen, unser Herz und unsere Gedanken regelmäßig zu überprüfen. Was glauben wir? Worauf lassen wir uns ein? Warum? Wenn uns bewusst wird, dass unsere Gedanken nicht mit dem Wort Gottes übereinstimmen, dann sollten wir sie ganz neu auf Gott ausrichten. Wenn uns bewusst wird, dass wir gerade dabei sind, auf den Teufel zu hören und ihm Glauben zu schenken, etwa nach dem Motto: „Das Leben ist hart und dann stirbt man" oder „Ich werde mich ohnehin nie ändern", dann sollten wir diese Gedanken sofort zum Stillstand bringen, egal, wie wir uns gerade fühlen. Am besten tun wir das laut. Auch wenn sich deine Gefühle richtig anfühlen. Gerade dann, wenn sie sich richtig anfühlen! Gib deine hässlichen Gedanken dann an Jesus ab und lass es zu, dass stattdessen seine Wahrheit in deinen Gedanken Wurzeln schlägt.

Wenn du dich mit Gedanken beschäftigst, die dem Wort Gottes widersprechen, dann hör auf damit und sprich folgendes Gebet:

Ich lasse diese Lüge los. Ich distanziere mich von der Aussage, dass ich überfordert bin. Dass ich niemals frei werde. Dass ich XY hasse. Dass ich dumm, hässlich, fett, depri, _____ bin (benenne selbst die Gedanken, die du hast, und lass sie los). Ich sage mich im Namen von Jesus davon los und entscheide mich, nur noch die Wahrheit zu glauben, die du in deinem Wort sagst. Amen.

35.
Der geistliche Kampf

Bleibt besonnen und wachsam! Denn der Teufel, euer Todfeind, läuft wie ein brüllender Löwe um euch herum. Er wartet nur auf ein Opfer, das er verschlingen kann.

1. Petrus 5,8

· ·

Der geistliche Kampf ist darauf ausgerichtet, uns von der Liebe Gottes zu trennen. Das Ziel des Teufels besteht darin, dich daran zu hindern, in der Freiheit zu leben, die Jesus für dich erkauft hat. Wenn wir versagt oder gesündigt haben oder uns aus irgendeinem Grund schrecklich fühlen, dann flüstert Satan uns zu, dass wir ein absoluter Loser und überhaupt nichts wert sind. Er ist ein Lügner. Und zu unserem Kampf um die Freiheit gehört es, ihn als solchen zu entlarven, selbst wenn seine Lügen in unseren Ohren wie die reine Wahrheit klingen. Der Kampf wird in unserer Gedankenwelt geführt und gewonnen: in unserem Verstand und in unserem Herzen.

Also, geistlicher Kampf, erste Lektion: Der Teufel existiert. Petrus schrieb, dass Satan uns *verschlingen* will. Verschlingen, nicht versuchen. Verschlingen – wie zerreißen, zerfleischen, töten, zerstören. Das hört sich schlimm an, oder? Hier kommt die gute Nachricht: Es gibt trotzdem keinen Grund, Angst zu haben oder krampfhaft gegen den Teufel anzukämpfen. Wir müssen nur Gott das Ruder überlassen und ihm vertrauen. Die Freiheit, die Jesus für uns erkauft hat, können wir in Kraft setzen, indem wir der Wahrheit Glauben schenken und ihr zustimmen.

*Jesus,
ich stelle mich jetzt unter deine Autorität. Alles, was du durch deinen Tod am Kreuz, deine Auferstehung und deine Himmelfahrt für uns vollbracht hast, nehme ich dankbar an. Ich nehme die Autorität, die du mir gegeben hast, für mich in Anspruch, und in deinem Namen, Jesus, widersetze ich mich dem Teufel. Amen.*

36.
Noch eine Wahrheit

*Wie man einen Baum an seiner Frucht erkennt,
so erkennt man sie an dem, was sie tun.*

Matthäus 7,16

· ·

Wie kannst du erkennen, ob hinter deinem Kampf ein geistlicher Angriff steckt? Indem du die Frucht beurteilst, die daraus entsteht.

Gibt es Missverständnisse, die sich zwischen dir und deinen Freunden aufgebaut haben? Dann bete dagegen an: *Im Namen Jesu bringe ich alle Missverständnisse zu Jesus und unterstelle sie seinem Kreuz.*

Hast du Angst? Bist du entmutigt? Plagst du dich mit Selbsthass? Welche Frucht das hervorbringt, ist ganz offensichtlich: All diese Dinge kommen nicht von Gott. Widerstehe ihnen deshalb im Namen Jesu.

Ich weiß, das klingt vielleicht ein wenig zu einfach. Natürlich spielen da auch noch andere Probleme eine Rolle: unsere verletzten

Gefühle, unsere Sünde, unsere Vergangenheit. Oft gibt es Gründe dafür, warum wir mit bestimmten Dingen zu kämpfen haben. Deshalb hat Jakobus gesagt, dass wir zuerst Gott die Führung überlassen sollen, um dann dem Teufel widerstehen zu können.

Ein Beispiel: Vielleicht bist du verbittert und hegst starken Groll in deinem Herzen. Mit einem Befehl wirst du deine Verbitterung nicht loswerden, wenn du immer wieder neu Öl ins Feuer gießt, dich in deinen Gedanken ständig damit beschäftigst und diesen Gedanken die Tür weit öffnest, indem du sie bestätigst und dir selbst recht gibst.

Zuerst musst du deine Verbitterung gegenüber anderen, dir selbst und Gott erkennen, bereuen und bereit sein, sie loszulassen. Das nennt man „Buße tun". Lass Jesus deine Wunden heilen, die diese Verbitterung auslösen. Entscheide dich dafür, Jesus hier und jetzt zu lieben, denn auf diese Weise überlässt du Gott die Führung. Erst dann wirst du die Autorität haben, deiner Verbitterung eine klare Ansage zu erteilen – nämlich: zu verschwinden. Du kannst das, weil du jetzt bereit bist, sie nicht länger willkommen zu heißen.

Schlechte Angewohnheiten und Denkweisen sind oft nur schwer zu erkennen, weil man sie schon so lange praktiziert. Versuche es trotzdem immer wieder und bitte Gott darum, dass dir das Negative bewusst wird.

Ich lege alles Böse unter dem Kreuz bei Jesus ab. (Benenne es hier: Was hat dir zu schaffen gemacht? Hass, Zorn, Scham, Verurteilung, Kränkung, Missverständnisse, Angst, Panik, Hoffnungslosigkeit, Verzweiflung?) Jesus, nimm du das Böse von mir und heile mich. Bitte sende deine Engel, um mich zu schützen. Ich lobe dich. Ich bete dich an, Jesus. Amen.

37.
Im Namen von Jesus

Jesus erlaubte es ihnen. Jetzt ließen die bösen Geister den Mann frei und bemächtigten sich der Schweine. Die ganze Herde – ungefähr zweitausend Tiere – stürzte den Abhang hinunter in den See und ertrank.

Markus 5,13

. . . .

Wenn ich meine unguten Gedanken zu Jesus bringe, entscheidet er, was mit ihnen geschehen soll. Ich will ja nicht, dass sie nur aus meinem Leben verschwinden und anschließend jemand anderen plagen.

Oft färben solche Gedanken auch auf andere Menschen ab. Gib sie an Jesus ab und verbiete ihnen zurückzukehren.

Wenn du merkst, dass die Angst oder die negativen Gedanken trotzdem noch da sind, dann kannst du Folgendes beten:

> *Ich lege all meine Angst jetzt unter das Kreuz. Im Namen Jesu und in seiner Autorität befehle ich der Angst, mich jetzt in Ruhe zu lassen. Verschwinde! Auf der Stelle! Im Namen Jesu.*

Es ist gut, das, was dir Sorgen macht, ganz gezielt zu benennen, aber nicht, weil dein Gebet dadurch mehr Kraft hat. Vielmehr nimmst du dem Bösen damit seine negative Macht, so wie man der Dunkelheit die Macht nimmt, wenn man die Kellertür öffnet, damit das Licht hineinscheinen kann. Du selbst machst dir dadurch bewusst, dass du eben nicht überfordert oder voller Angst oder Scham bist. Du bist nicht verängstigt. Nein, du kannst diese bösen Gedanken mit der Hilfe von Jesus vertreiben.

> *Bete die obigen Worte laut und benenne ganz konkret, was dir heute zu schaffen macht.*

38.
Taumelnd in die Freiheit

*Wenn aber der Geist der Wahrheit kommt,
hilft er euch dabei, die Wahrheit
vollständig zu erfassen.*

Johannes 16,13

• •

Um eine Lüge erkennen zu können, müssen wir auch die Wahrheit kennen. Falschgeldexperten verbringen ihre Zeit nicht damit, Falschgeld genau zu untersuchen, sondern echtes Geld. Mit dem geistlichen Kampf ist es genauso: Wir dürfen uns nicht auf die Lügen konzentrieren. Es ist wichtig, dass wir uns auf Jesus konzentrieren. Wir müssen uns ganz von der Wahrheit durchdringen lassen, die Wahrheit, wer Gott ist und was er über uns sagt. Dann nämlich werden wir in der Lage sein, eine Lüge zu erkennen.

Als Jesus Christus am Kreuz für uns starb, wurde dem Teufel alle Macht genommen. Wenn wir einen geistlichen Kampf führen, setzen wir in Kraft, was Jesus bereits vollbracht hat. Deshalb kannst du frei werden von allem, was dich gefangen hält.

Gott hat alles getan, alles gewonnen und uns alles gegeben, was wir für ein Leben in Freiheit brauchen. Wir sind dafür bestimmt, diese Freiheit immer mehr für uns in Anspruch zu nehmen und darin zu leben.

Ja, wir werden uns nicht immer majestätisch in dieser Freiheit bewegen. Aber mit Gottes Hilfe können wir zumindest in die Freiheit hineintaumeln. Schritt für Schritt, Gedanke für Gedanke, Tag für Tag.

Stimmt das, was du heute über dich selbst, über andere oder über dein Leben denkst, mit dem Wort Gottes überein?

39.
Weit weg vom Garten Eden

*Niemand, der in Versuchung gerät, kann
behaupten: Diese Versuchung kommt von Gott.
Denn Gott kann nicht vom Bösen verführt werden,
und er verführt auch niemanden zum Bösen.
Es sind vielmehr unsere eigenen selbstsüchtigen
Wünsche, die uns immer wieder zum Bösen
verlocken. Geben wir ihnen nach, dann haben wir
das Böse empfangen und bringen die Sünde zur
Welt. Sie aber führt unweigerlich zum Tod.*

Jakobus 1,13–15

• •

Vor einiger Zeit gab es eine ziemlich schlimme Grippewelle bei uns in der Stadt. Uns hat es alle erwischt, aber eine Freundin traf es besonders schlimm. In einem Gespräch mit ihr vertraute sie sich mir an und sagte: „Ich wünschte, ich würde verstehen, was Gott mir mit dieser Krankheit beibringen will, damit ich schnell wieder gesund werde."

Wie schätzte sie Gott ein? Sie ging davon aus, dass jede Krankheit von ihm kommt. Aber das stimmt nicht. Fakt ist: Der Garten Eden ist längst nicht mehr unser Zuhause. Er ist ganz weit weg. Wir leben in einer Welt, in der auch die Sünde ihren Platz hat, einer Welt, die voll ist von zerbrochenen Menschen. Und auch wir entsprechen noch nicht dem Bild, das Gott von uns hat. Krankheit ist keine Strafe von Gott. Er wartet nicht zuerst darauf, dass meine Freundin irgendeine Wahrheit endlich begreift oder eine verborgene Sünde bereut, bevor er bereit ist, sie zu heilen. Er hält sie (oder uns) nicht hin, bis sie endlich die Kurve kriegt und er sie segnen kann. Er ist kein gemeiner Gott, sondern liebevoll, gütig und barmherzig. Es ist seine Freundlichkeit, die uns zur Umkehr führt, nicht seine Grausamkeit. Ja, Gott gebraucht schwierige Lebensumstände, um uns zu formen. Er lässt sie zu, aber er ist nicht derjenige, der sie verursacht hat.

Vielleicht ist diese Sichtweise neu für dich, weil dir beigebracht wurde, dass alles, was im Leben geschieht, von Gott kommt. Dann erscheint es logisch, dass manche glauben, dass Gott ihnen den Schmerz eines sexuellen Missbrauchs zugefügt hat. Oder dass Gott veranlasst hat, dass ihre Mutter viel zu früh aus dem Leben gerissen wurde. Oder dass er es eingefädelt hat, dass sie von ihrem Freund betrogen wurden.

Meine Liebe, das ist eine schreckliche Vorstellung von Gott und eine absolute Irrlehre! Jakobus macht ganz klar, dass Gott niemanden zum Bösen verführt. Doch die Menschen werden jeden Tag zur Sünde verführt; sie sündigen jeden Tag. Demzufolge passieren jeden Tag Dinge, die nicht von Gott kommen. Ja, die Sünde hat furchtbare Konsequenzen. Aber nicht Gott bewirkt diese Dinge. Merkst du, was für ein entscheidender Unterschied das ist?

*Jesus,
du siehst die Schwierigkeiten, mit denen ich heute zu kämpfen habe. Ich weiß, dass du meinen Schmerz nicht verursacht hast, aber ich bitte dich, dass du mir in meinem Schmerz zur Seite stehst. Hilf mir, dass ich deine Liebe erkennen kann und sehe, wozu du mich berufen hast. Amen.*

40.
Sieg!

Meine lieben Freunde, erschreckt nicht über die schmerzhaften Prüfungen, die ihr jetzt durchmacht, als wären sie etwas Ungewöhnliches.

1. Petrus 4,12; NL

. . . .

Wie erklärst du dir dein Leben? Warum verläuft vieles so anders, als du es dir vorgestellt hast? Wie gehst du damit um, dass du nicht weißt, was dich erwartet? Das Telefon klingelt, und du hast keine Ahnung, was jetzt kommt. Es könnten gute Neuigkeiten sein. Vielleicht will dich eine Freundin ins Kino einladen? Oder du hast etwas gewonnen? Vielleicht ist es aber auch etwas ganz anderes.

Niemand lebt ein Leben, das frei von Schmerzen ist. Ich weiß, manche Mädchen scheinen ein fast perfektes Leben zu haben. Aber das sieht nur aus der Entfernung so aus. Wenn du einen Schritt näher kommst, kannst du die Realität sehen. Ein Leben ohne Leid gibt es nur in der Fantasie, aber wir leben nicht in der

Fantasie. Nein, dein Leben ist eher so etwas wie ein Märchen. Ich meine das wirklich so. Im Märchen gibt es böse Hexen. Es gibt Drachen. Im Märchen verschlingen böse Wölfe geliebte Großmütter und kleine Mädchen wandern allein und ängstlich durch den Wald.

Petrus schrieb, dass wir nicht über schmerzhafte Prüfungen erschrecken sollen. Aber wir erschrecken trotzdem, nicht wahr? Wir fragen uns: *Was habe ich bloß falsch gemacht?* Oder haben wir uns etwa in Gott getäuscht? Wenn wir Schmerz erleiden, stellt sich rasch heraus, was wir wirklich glauben. Wie ist Gott *wirklich*? Ist er gemein? Ist er sauer auf mich? Kümmert es ihn überhaupt, wie es mir geht? Sieht er mich denn nicht? Stimmt Dr. Whos Theorie aus der gleichnamigen Serie vielleicht doch und wir sind einfach durch die Risse im Universum gefallen?

Der Bruch zwischen Gott und uns ist das Erste, was die schmerzvollen Erfahrungen mit uns anstellen wollen. Doch von Gott getrennt zu sein ist das Allerschlimmste, was uns passieren kann, viel schlimmer als die schrecklichste Prüfung.

Als Christ haben wir nicht automatisch die Garantie bekommen, ein Leben ohne Schmerzen zu genießen oder schneller aus schwierigen Situationen herauszukommen. Aber wir haben die Garantie bekommen, dass Schmerz, Kummer und Sünde (sowohl unsere eigene als auch die der anderen) uns nicht verschlingen, zerstören oder bestimmen können. Sie haben auch nicht das letzte Wort über uns. Jesus hat den Sieg erkämpft. Und in ihm können wir das auch.

*Jesus,
hilf mir heute, an dich zu glauben und mein Vertrauen in deinen Sieg zu setzen anstatt in meine Fähigkeit, den Schmerz zu umgehen. Ich kann das sowieso nicht. Du bist mehr als genug für mich. Amen.*

41.
Die Einladung

*Denn ich erinnere mich, dass du gesagt hast:
„Suchet meine Nähe!" Das will ich jetzt tun
und zu dir beten.*

Psalm 27,8

• •

Wie findet man Frieden inmitten von schwierigen und schmerzlichen Situationen? Lass *dich* vom Frieden finden. Er ist genau da, wo du gerade bist, mitten in deinem Leben.

Es ist wichtig, dass du mitten in deiner Freude, deinen Aktivitäten, deinen Sorgen und deinem Leid deinen Blick auf Jesus richtest. Lade Jesus in deinen Alltag ein. Bitte ihn darum, dass er sich wieder einmal als derjenige zeigt, der er ist. Jesus sagt von sich selbst, dass er unsere Kraft ist, unser Schild, unser Fels, unser Zufluchtsort, unser Schutz, unser Erlöser, unser großer Tröster, unser treuer Begleiter und unser Freund, der immer bei uns ist. Jesus bezeichnet sich als den allmächtigen Gott, den Prinz des Friedens. Wir können ihm vertrauen!

Jesus ist der Einzige, der die tiefsten Bedürfnisse deines Herzens stillen kann, und er möchte, dass du weißt, wie tief und leidenschaftlich seine Liebe zu dir ist – so tief, dass er Himmel und Erde in Bewegung gesetzt hat, um deine Bedürfnisse zu stillen. Er ist der Einzige, der dich nie enttäuschen und dich niemals verlassen wird; der dich innig tröstet und dich in jedem Moment deines Lebens vollkommen liebt. Darum nimm seine Einladung an. Es ist das Beste, was du tun kannst!

Ich lobe dich, Jesus. Danke für alles, was du für mich getan hast. Ich liebe dich. Ich bete dich an. Du bist der König aller Könige und der Herr aller Herren. Dein Name steht über allen anderen Namen jetzt und in Ewigkeit. Amen.

42.
Schönheit statt Asche

*Der Geist des Herrn ruht auf mir, weil er mich
berufen hat. Er hat mich gesandt, den Armen die
frohe Botschaft zu bringen und die Verzweifelten
zu trösten. Ich rufe Freiheit aus für die Gefangenen,
ihre Fesseln werden nun gelöst und die Kerkertüren
geöffnet. Ich rufe ihnen zu: „Jetzt erlässt Gott eure
Schuld!" Doch nun ist auch die Zeit gekommen,
dass der Herr mit seinen Feinden abrechnet.
Er hat mich gesandt, alle Trauernden zu trösten.
Sie streuen sich nicht mehr voller Verzweiflung
Asche auf den Kopf, sondern schmücken sich
mit einem Turban. Statt der Trauergewänder
gebe ich ihnen duftendes Öl, das sie erfreut. Ihre
Mutlosigkeit will ich in Jubel verwandeln, der sie
schmückt wie ein Festkleid.*

aus Jesaja 61,1–3

. . . .

Es gibt wahrscheinlich in der ganzen Bibel keinen Abschnitt, der schönere Aussagen enthält als dieser. Denn genau *sie* erklären den Grund, warum Jesus in diese Welt gekommen ist. Jesus hat verkündet, dass er gekommen ist, um gebrochene Herzen zu heilen und Gefangene zu befreien. Er kam, um uns und die Beziehung zu Gott wiederherzustellen. Er kam, um die Trauernden zu trösten, um ihre „Trauergewänder" durch „duftendes Öl" zu ersetzen, ihre „Mutlosigkeit" durch „Jubel". Er hat versprochen, dass der Kummer, der am Abend noch da war, am Morgen der Freude weichen muss. Diese Freude kommt mit Jesus. Jesus ist die Antwort.

Jesus,
heile mein zerbrochenes Herz, befreie mich
von aller Dunkelheit. Tröste mich in meinem
Leid. Nimm alles Böse von mir, das sich in mein
Leben geschlichen und dort Wurzeln geschlagen hat. Tausche mein Trauergewand gegen
ein festliches Kleid ein. Bringe du in meinem
Leid die Schönheit hervor. Gib mir anstatt der
Traurigkeit und Sorge dein Freudenöl. Verwandle du meine Mutlosigkeit in Jubel. Amen.

43.
Die Tür des Leidens

Denn wenn sie in Bedrängnis waren, litt auch er.

Jesaja 63,9

Wenn wir leiden, neigen wir dazu, den Grund und die Bedeutung unseres Leidens zu suchen. Unsere Interpretation der Dinge wird alles, was darauf folgt, beeinflussen. Es wird Auswirkungen auf unsere Gefühle, unsere Perspektive und unsere Entscheidungen haben.

Wenn du etwas Schlimmes erlebst, solltest du dich zuerst an Jesus wenden. Bitte ihn: *Jesus, nimm mein Herz.* Frag unbedingt Gott zuerst, was los ist – bitte ihn, dir die Sache zu erklären. Aber unabhängig davon, ob er dir die Zusammenhänge erklärt oder nicht: Lass ihn in deinen Schmerz hinein. Auch die anderen Dinge, die durch unser Leid an die Oberfläche treten – schmerzvolle Erinnerungen, Unglaube, Selbstverachtung – dürfen wir Jesus anvertrauen, indem wir beten: *Jesus, bitte begegne mir hier. Ich brauche dich.*

Stell dir vor, dass dein Schmerz eine Tür ist. Wenn du durch sie hindurchgehst, kannst du in eine tiefere Beziehung zu Jesus hineinwachsen. Du musst es nur zulassen – du musst nur bereit sein, durch die Tür zu gehen! Auch wenn du diesen Weg freiwillig nie gehen würdest – du wirst es nie bereuen.

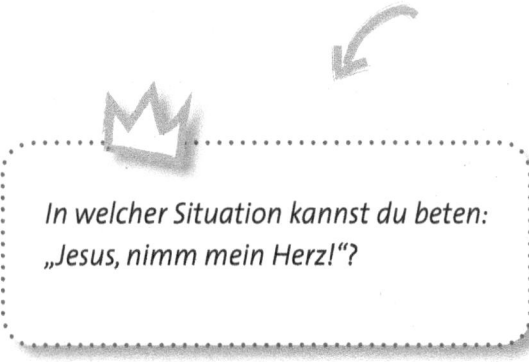

In welcher Situation kannst du beten: „Jesus, nimm mein Herz!"?

44.
Gezeichnet von Schmerz

*Ich lasse dich nicht im Stich,
nie wende ich mich von dir ab.*

Hebräer 13,5

• •

Lass es zu, dass du durch den Schmerz zum Positiven verändert wirst. Denn Gott ist zwar nicht der Verursacher der Probleme in unserem Leben, aber er gebraucht sie. Er sorgt dafür, dass uns alles zum Guten dient. Er gebraucht den Schmerz, um unsere falschen Gedanken über uns selbst und die falschen Gedanken über ihn zu korrigieren. Er gebraucht den Schmerz, um die Stelle in uns zu berühren, die schon einmal verwundet wurde, sodass unsere Wunde offengelegt wird und er sie heilen kann. Gott gebraucht das Leid, um uns seine unendliche Liebe zu uns zu zeigen.

Du siehst, hier geht es um viel mehr als um das, was man mit bloßem Auge erkennen kann. Unser Herz wird stark umkämpft. Wenn wir die kaputte Welt um uns herum betrachten – werden wir Gott dann trotzdem lieben und auf seine Güte vertrauen? Werden wir an unserem Glauben festhalten, dass Gott unsere Anbetung verdient, auch angesichts unserer völlig zerbrochenen Welt?

Wir dürfen wissen, dass Gott mit uns leidet, wenn wir in Not sind. Jesus versteht uns, wenn wir Kummer haben, wenn wir uns verraten und verlassen fühlen, wenn wir einsam und traurig sind und wenn wir leiden. Er ist mit dem Leid vertraut, denn er hat selbst gelitten. Es ist ihm nicht egal. Du bist ihm nicht egal.

In Hebräer 13 verspricht Gott uns, dass er uns nie im Stich lassen und sich nie von uns abwenden wird. Das Wort, das im griechischen Originaltext für „nie" verwendet wird, ist schwierig zu übersetzen, da eigentlich eine dreifache Betonung darin liegt. Gott möchte, dass du weißt, dass er dich nie, nie, nie verlassen wird. Niemals. Egal, was du getan hast oder durch welche Schwierigkeiten du gerade hindurchgehen musst. Daran dürfen wir uns festhalten.

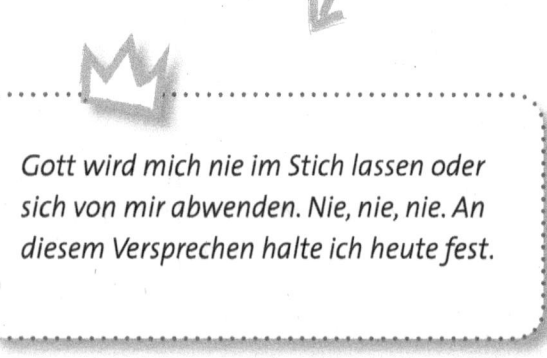

Gott wird mich nie im Stich lassen oder sich von mir abwenden. Nie, nie, nie. An diesem Versprechen halte ich heute fest.

45.
Klammere dich an Gott

Dankt Gott für alles.

1. Thessalonicher 5,18

. . . .

Meine Mutter konnte sehr kleinkariert sein. Sie war manchmal sehr kontrollierend und fordernd. Sie machte in vielerlei Hinsicht Fehler. Natürlich machte sie nicht *nur* Fehler, aber sie hatte ihre Ecken und Kanten.

Meine Mutter hatte auch Jesus lieb. Als sie 71 Jahre alt war und ihr Körper allmählich vom Krebs zerstört wurde, setzte eine erstaunliche Veränderung bei ihr ein. Meine Mutter wurde weicher; sie wurde freundlicher als zuvor. Sie hörte auf, alles kontrollieren zu wollen. Sie war nicht mehr so fordernd und kritisierte uns weniger. Sie sagte öfter als je zuvor „Ich liebe dich". Die Schönheit, die schon immer in ihr war, trat nun auf erstaunliche Weise in den Vordergrund. Unsere vier letzten gemeinsamen Monate waren – bezogen auf Liebe und Beziehung – die beste Zeit, die wir je miteinander erlebt haben.

In den letzten Monaten ihres Lebens musste meine Mutter sehr leiden. Doch in jenen letzten Lebensmonaten stützte sie sich so sehr auf Gott, dass sie seine Liebe in ganz intensiver Weise erfuhr und ihr Herz dabei mit Frieden, Ruhe und Freude erfüllt wurde. Sie konnte nicht mehr schlucken und musste über eine Sonde ernährt werden. Sie hoffte, dass, wenn sie diese Erde verlassen und den Himmel betreten würde, Jesus sie dort mit einem großen Glas eiskalten Wassers erwartete.

Einige Monate nach ihrem Tod fiel mir eine Notiz mit ihrer schönen Handschrift in die Hände. Darauf stand: „Meine Diagnose kam völlig überraschend, und die Zeit meiner Krankheit war die fantastischste und beste Zeit, die Gott mir je geschenkt hat. Aus tiefstem Herzen danke ich Gott, Jesus und dem Heiligen Geist dafür."

Meine Mutter war tatsächlich dankbar in ihrem Leiden – nicht für das Leiden, sondern für das, was es in ihrem Leben bewirkte. Sie wurde dadurch offen für Beziehungen. Sie wurde fähig, Liebe zu geben und zu empfangen. Und obwohl ihr Kampf gegen den Krebs mit dem Tod endete, bezeichnete sie das, was sie durch diesen Kampf gelernt hatte, als „die fantastischste, lohnendste und beste Zeit, die Gott mir je geschenkt hat".

Und jetzt ist sie da, wo sie lebendiges Wasser zu trinken bekommt!

*Jesus,
ich will dir heute in meinen Schwierigkeiten
danken. Danke, dass du mich nicht alleine lässt!
Hilf mir, dass der Schmerz, den ich erleiden
muss, mich fähig macht, Liebe noch reichlicher
zu geben und zu empfangen. Amen.*

46.
Was Leid bewirkt

*Der Herr verändert uns durch seinen Geist, damit
wir ihm immer ähnlicher werden und immer mehr
Anteil an seiner Herrlichkeit bekommen.*

2. Korinther 3,18

. . . .

Unser Freund Scott war von einer Leiter gefallen und seitdem von der Hüfte abwärts gelähmt. Achtundzwanzig Jahre später schrieb er uns eine Karte, auf der nur diese drei Worte standen: „Ich bedaure nichts." Diese Karte rührte meinen Mann und mich zu Tränen.

Weder der Krebs meiner Mutter noch Scotts Sturz von der Leiter waren von Gott verursacht. Er war nicht der Auslöser für ihr Unglück. Aber er gebraucht solche Schicksale. Er gebraucht sie, um uns zu zeigen, wer er wirklich ist – im Angesicht von Tragödien und Schmerz. Er gebraucht sie auch, um uns zu zeigen, wer wir wirklich sind. Jesus möchte, dass du weißt, wer du bist. Er möchte, dass wir uns so sehen, wie unser himmlischer Vater uns sieht. Der wichtigste Spiegel, in den wir schauen können, ist sein Bild von uns, das wir in seinen Augen erkennen.

Ich möchte eine Frau werden, die sich in fröhlichen, guten Zeiten genauso verzweifelt nach Gott sehnt wie im Leid. So weit bin ich noch nicht. Nichts treibt mich so sehr in Gottes Arme wie die Zeiten von Kummer und Leid. Es kann die Trauer über die Momente sein, wo ich als Ehefrau und Mutter versagt habe. Es kann der Kummer sein, wenn ich erkenne, wie sehr ich durch meinen Egoismus meine Freunde verletzt habe. Es kann der Schmerz sein über das Leid einer anderen Person, die mir nahesteht. Fest steht, dass Kummer und Schmerzen mein größter Antrieb sind, Gott zu suchen. Unser liebender Gott gebraucht den Schmerz und das Leid in unserem Leben, uns immer mehr in sein Bild zu gestalten.

Lieber Vater im Himmel,
zieh mich näher zu dir, egal, ob ich
heute Schönes oder Schlimmes
erlebe. Amen.

47.
Sei dankbar

Groß ist deine Güte!
Sie reicht bis an den Himmel!
Und wohin die Wolken auch ziehen:
Überall ist deine Treue!

Psalm 57,11

· ·

Wie können wir dahin kommen, dass unser Leid seine positive Wirkung entfalten kann, anstatt uns neidisch, hart oder zornig zu machen?

Zunächst einmal müssen wir ehrlich Bilanz ziehen und überlegen, was wir aus unserem Leid gemacht haben. Haben wir der Angst Zutritt gewährt? Der Kontrolle? Hat sich Verbitterung gegenüber Gott oder unseren Mitmenschen eingeschlichen? Wenn dem so ist, sollten wir diese Dinge ganz schnell zu Jesus bringen, denn sie sind Gift für unsere Seele und zerstören das, was Gott so Schönes aus unserem Leben machen will. Wir dürfen unseren Zorn, unseren Neid, unser Streben nach Kontrolle und unsere Bitterkeit loslassen. Wir dürfen Gott bitten, unser Herz und unsere Seele von diesen Dingen zu befreien.

Nichts, absolut nichts macht die schädlichen Auswirkungen des Leides so wirksam zunichte wie unsere Entscheidung, Jesus mitten in unserem Leid zu lieben und ihn zu loben. Das bedeutet nicht, dass wir Gott *für* jede schlimme, harte, schmerzliche und unerträgliche Erfahrung danken sollen. Das würde ja bedeuten, dass wir das Böse gut nennen.

Nein, meine Liebe, die Bibel lehrt uns, dass wir Gott *in* jeder Situation, nicht *für* jede Situation dankbar sein sollen.

Wenn wir Jesus auch in unserem Schmerz lieben, erlauben wir ihm, in unseren Schmerz hineinzukommen.

Unsere Dankbarkeit öffnet geistliche Fenster, die unser Innerstes für Gott öffnen, sodass er unser Leben, unsere Gedanken, unseren Verstand und unsere Sichtweise mit seiner Gegenwart füllen kann. Sie öffnet Türen für die Segnungen, die Gott über unser Leben ausgießen möchte. Auf diese Weise wird die Dankbarkeit für die Dinge, die in unserem Leben geschehen, immer mehr zunehmen – sowohl für die schönen Momente als auch für die leidvollen Erfahrungen.

Gott,
bitte gebrauche heute die schmerzlichen Erfahrungen in meinem Leben, um mir deine Treue, deine Freundlichkeit und deine Liebe zu zeigen! Amen.

48.
Die schönsten Narben

Leg deinen Finger auf meine durchbohrten Hände! Gib mir deine Hand und leg sie in die Wunde an meiner Seite! Zweifle nicht länger, sondern glaube!

Johannes 20,27

• •

Als Jesus von den Toten auferstanden war und seinen Jüngern erschienen ist, war Thomas nicht dabei. Also kam Jesus noch einmal zu ihnen, als auch Thomas anwesend war. Erinnerst du dich, was Jesus getan hat, um ihm zu beweisen, dass er auferstanden war und wirklich vor ihm stand und dass er immer noch derselbe Jesus war, wie sie ihn kannten und liebten? Er forderte Thomas auf: „Lege deine Hand auf meine Wunden." Jesus trug noch immer seine Narben, und er hat sie heute noch. Sie sind ein Zeichen seiner Herrlichkeit. Und wenn wir einmal in der himmlischen Herrlichkeit sind, werden auch wir noch unsere Narben tragen. Doch sie werden wunderschön sein, so wie seine.

Die Geschichte meines Lebens und die Kämpfe, die ich durchlebt habe – und noch immer durchlebe –, haben dazu beigetragen, mich zu der Frau zu formen, die ich heute bin und die ich einmal sein werde. Meine Wunden, meine Kämpfe, meine Versäumnisse, meine Freuden, meine ganz privaten, einsamen Kämpfe haben meine Seele zu etwas geformt, was wunderschön, ewig und gut ist. Das wird auch bei dir geschehen.

Nun, wir können uns gegen diesen Prozess wehren oder aber wir lassen uns auf ihn ein. Wir können selbst wählen, ob das Leid uns weicher oder härter macht. Wir können entscheiden, ob wir durch Leid barmherziger werden oder aber neidisch. Wir können wählen, ob wir Jesus mitten im Leid lieben oder ihm böse sind.

Die Schmerzen, die wir erleben, unsere Sorgen und Kämpfe, dienen einem Zweck. Gott lässt alle Dinge zu unserem Guten dienen. Er ist gerade dabei, ein atemberaubend schönes Kunstwerk zu gestalten. Die Schönheit, die durch die Kraft des Leidens in uns geformt wird, wird uns in atemloses Staunen versetzen und uns für immer dankbar sein lassen. Die Krönung unseres Leides ist dann, dass wir Jesus auf eine Art kennenlernen, durch die wir unsere schmerzlichen Erfahrungen als ein Geschenk Gottes betrachten können. Das ist wirklich erstaunlich!

Ich entscheide mich heute, dass Gottes Liebe mich in meinen schmerzlichen Erfahrungen weicher machen darf. Ich entscheide mich, dass ich dadurch anderen gegenüber barmherziger werde. Ich entscheide mich zuzulassen, dass die Kraft des Leidens etwas Wunderschönes in mir formt.

49.
Frei sein

Steh auf, und schüttle den Staub ab!
Setz dich wieder auf deinen Thron, Jerusalem!
Wirf die Halsfesseln ab, du Gefangene!

Jesaja 52,2

· ·

Neulich gingen mein Mann und ich gemeinsam in den Zoo. Dort gab es eine unglaubliche Auswahl an Vögeln: zum Beispiel Flamingos, kalifornische Kondore und zwei Weißkopfseeadler, die in einer riesigen, mit Netzen geschützten Vogelvoliere gehalten wurden.

Am selben Tag machten wir noch eine Wanderung in den Bergen. Beim Schrei eines Falken hielten wir inne. Wir sahen nach oben und erblickten gleich drei von ihnen: Sie schwangen sich hinauf in die Höhe, tauchten rasend schnell wieder hinab, dann stiegen sie wieder hinauf, immer höher und höher. Sie jagten einander, zogen ihre Kreise, schwebten lautlos durch die Lüfte – es war, als wenn Wesen mit Engelsflügeln über uns wären. Die Tiere waren einfach fantastisch. Sie waren frei.

Das ließ mich an die Wildvögel denken, die im Zoo in Gefangenschaft lebten, und ich wurde traurig. Natürlich war es toll, die Weißkopfseeadler im Zoo aus der Nähe sehen zu können. Wie riesig sie sind! Aber ich habe auch schon welche in freier Wildbahn gesehen und beobachtet, wie sie Fische verspeisen. Manchmal sehe ich sie auf dem Wipfel einer stattlichen Kiefer sitzen und auf ihr Territorium herabschauen oder über ihren Nestern mit Goldadlern kämpfen.

Freiheit ist besser als Gefangenschaft. Warum sollte sich also jemand freiwillig für die Gefangenschaft entscheiden? Warum unternehmen wir so lange nichts gegen all die Zwänge und Abhängigkeiten, in denen wir uns so oft verstricken – gegen Gruppenzwang, negative Gedanken über uns selbst und über andere und gegen unsere Ängste?

Jede junge Frau sollte die Sätze aus Jesaja 52 kennen: „Wirf die Halsfesseln ab, du Gefangene!"

„Wirf die Fesseln ab"? Ist es denn nicht Jesus, der uns befreit? Ja, das tut er tatsächlich. Wir müssen allerdings auch unseren Teil dazu beitragen. Gott sagt, wir sollen aufstehen, uns den Staub von den Füßen schütteln und uns wieder auf den Thron setzen.

Nach einer gewissen Zeit vergessen die Tiere im Zoo, dass sie für den freien Himmel oder die wilde Savanne geschaffen wurden. Das darf uns nicht passieren. Gott will, dass wir uns für seine Gnade, seine Wahrheit und für die Identität entscheiden, die wir in ihm haben.

Wovon würdest du am allerliebsten frei werden? Von deinen Sorgen? Von Selbstverachtung, Scham, Zweifeln, Abhängigkeiten? Auf welche Art und Weise halten dich diese Dinge gefangen?

50.
Der Kampf des Glaubens

*Der Herr ist der Geist; wo aber der Geist
des Herrn ist, da ist Freiheit.*

2. Korinther 3,17

• •

Neulich lag ich abends auf dem Fußboden und hörte Lobpreislieder. Aber nicht, um Gott anzubeten. Ich dachte nach. Mein Tag war nicht so berauschend gewesen. Ich war müde und erschöpft von der Arbeit und von den vielen Gesprächen, die ich geführt hatte, und ich dachte, die beste Antwort auf meine körperliche und seelische Schieflage seien jetzt Pizza und Schokoladeneis. Ich war den ganzen Tag lang alten Verhaltensmustern gefolgt, die sich noch nie als hilfreich erwiesen hatten.

Als ich so auf dem Boden lag und Musik hörte, fragte ich Gott: „Liebst du mich wirklich? Hier und jetzt? Wie kannst du mich bloß lieben, wo ich gerade so ätzend drauf bin?"

Aber ich wusste, dass er es tat. Jesus starb am Kreuz für alle meine Sünden, auch für die, die ich immer und immer wieder begehe. An jenem Tag fand in mir ein Kampf um meine Freiheit statt. Und er wütete dort, wo er fast immer wütet: dort, wo ich in meinem Inneren Entscheidungen treffe, nämlich die Entscheidung, was ich glauben will.

Jesus hat für uns die Freiheit erkämpft. Aber wir müssen sie annehmen, für uns in Anspruch nehmen und daran festhalten. Das ist der „gute Kampf des Glaubens", von dem in 1. Timotheus 6,12 die Rede ist: dass wir glauben, dass Gott der ist, der er behauptet zu sein, und dass wir glauben, dass seine Aussagen über uns der Wahrheit entsprechen, auch wenn alles um uns herum dagegenspricht.

Um in Freiheit zu leben und die Person zu werden, die wir werden sollen, müssen wir Gottes Liebe auch in unseren schwächsten Momenten für uns annehmen.

Jesus,
ich sehne mich danach, frei zu sein. Ich sehne mich danach, dich besser kennenzulernen und meine Liebe zu dir zu vertiefen. Bitte nimm alles weg, was mich davon abhält, dich so kennenzulernen, wie du wirklich bist, und was mich daran hindert, in der Freiheit zu leben, die du für mich erkauft hast. Amen.

51.
Die Freiheit, Fehler machen zu dürfen

Aber wie sah euer Leben früher aus? Ihr wart Gott ungehorsam und wolltet von ihm nichts wissen. In seinen Augen wart ihr tot. Ihr habt gelebt, wie es in dieser Welt üblich ist, und wart dem Satan verfallen, der seine Macht ausübt zwischen Himmel und Erde. Sein böser Geist beherrscht auch heute noch das Leben aller Menschen, die Gott nicht gehorchen. Zu ihnen haben wir früher auch gehört, damals, als wir eigensüchtig unser Leben selbst bestimmen wollten. Wir haben den Leidenschaften und Verlockungen der Sünde nachgegeben, und wie alle anderen Menschen waren wir dem Zorn Gottes ausgeliefert. Aber Gottes Barmherzigkeit ist groß. Wegen unserer Sünden waren wir in Gottes Augen tot. Doch er hat uns so sehr geliebt, dass er uns mit Christus neues Leben schenkte. Denkt immer daran: Alles verdankt ihr allein der Gnade Gottes. Durch den Glauben an Christus sind wir mit ihm auferstanden und haben einen Platz in Gottes neuer Welt.

Epheser 2,1–6

· ·

Wusstest du, dass du die Freiheit hast, Fehler zu machen? Durch Jesus können wir frei sein vom Gefängnis der Erwartungen, Ansprüche und Verurteilungen anderer – und auch unserer eigenen. Perfektionismus ist ein schreckliches Gefängnis. Du musst darin nicht leben.

Das Ziel des Teufels besteht darin, dich daran zu hindern, in der Freiheit zu leben, die Jesus für dich erkauft hat. Wenn wir versagt oder gesündigt haben oder uns aus irgendeinem Grund schrecklich fühlen, dann flüstert der Teufel uns zu, dass wir ein absoluter Loser und überhaupt nichts wert sind. Er ist ein Lügner! Und zu unserem Kampf um die Freiheit gehört es, ihn als solchen zu entlarven, selbst wenn seine Lügen in unseren Ohren wie die reine Wahrheit klingen. Der Kampf wird in unserer Gedankenwelt geführt und gewonnen: in unserem Verstand und in unserem Herzen.

Du lebst von der Gnade und brauchst kein Gericht zu fürchten. Du bist geliebt, angenommen und dir wurde vergeben! Deine Gefühle schwanken. Deine körperliche Kraft und dein geistliches Leben sind nicht immer gleich stark. An einem Tag glaubst du alles, was Gott sagt, und an einem anderen Tag überhaupt nicht.

Das ist okay. Du wirst nie frei sein von deiner Bedürftigkeit nach Gott. Er allein ist vollkommen. Und wenn du in ihm bleibst, bist du es auch. Aber nur dann.

*Jesus,
ich bekenne, dass ich mich immer abmühe, perfekt zu sein, obwohl du der Einzige bist, der vollkommen ist. Ich bekenne, dass ich ständig um die Liebe der anderen kämpfe, obwohl es nur wichtig ist, wie du mich siehst. Amen.*

52.
Die größte Freiheit

*Durch Christus sind wir frei geworden,
damit wir als Befreite leben. Jetzt kommt es
darauf an, dass ihr euch nicht wieder
vom Gesetz versklaven lasst.*

Epheser 5,1

• •

Welchen Grund könnte es geben, freiwillig negative Denkweisen beizubehalten? Wenn wir also wissen, dass Freiheit möglich ist, warum sollten wir dann weiterhin freiwillig unseren negativen Denkmustern folgen und uns von dem Urteil anderer und unseren Ängsten einengen lassen?

Nun, Gefängnisse können ein sicherer und bequemer Ort sein. Man kann sich an sie gewöhnen, mit ihnen vertraut werden. Resignation ist sicher; Träume sind gefährlich. Es ist einfacher, sich von einer anderen Person bestimmen zu lassen, als aufzustehen und die Kontrolle zu verweigern, die andere über uns haben. Es kann viel einfacher sein, in Scham zu leben, als für seine eigene

Würde zu kämpfen. Das Bekannte ist für uns Menschen stets bequemer und weniger riskant als das Unbekannte.

Aber wir haben die größte Freiheit geschenkt bekommen, die es gibt: die Freiheit des Herzens, Freiheit von Sünde, eine Freiheit, die uns befähigt, so zu leben und zu lieben, wie Jesus es tat.

Wir können frei sein von

- Zwängen,
- Sünde,
- Schamgefühlen,
- Kummer,
- Zorn,
- Enttäuschung,
- Abhängigkeit,
- Ängsten.

Wir sind nicht länger Gefangene der Sünde. Wir sind nicht länger Untergebene des Teufels, der Welt oder Gefangene unseres Selbst. Wir sind Befreite! Wir wurden nicht nur befreit *von*, sondern auch befreit *für*. Wir sind frei, um in das Bild von Jesus verwandelt zu werden. Wir sind frei zu lieben, wo uns Hass begegnet. Frei, um unsere Einzigartigkeit voll zu entfalten. Frei, mit anderen die Schönheit zu teilen, die Gott vom ersten Moment an, als er an uns dachte, in uns hineingelegt hat.

Wir sind frei, um

- zu träumen,
- glücklich zu sein,
- uns zu freuen,
- Erfolg zu haben,

- zu lieben,
- zu leben,
- zu vergeben,

aber *nicht*, um wieder an Ketten gebunden zu werden.

Diese Freiheit haben wir Jesus zu verdanken! Er hat uns freigekauft, uns dazu befreit, die Person zu sein, die wir wirklich sind, und das zu tun, wozu Gott uns bestimmt hat.

Was würdest du gerne tun – welche Sache, zu der dir jetzt noch die Freiheit fehlt? Deinen Traum verfolgen? Gott die Kontrolle über deine Situation überlassen? Hingebungsvoll lieben? Gott anbeten? Tiefere Erfahrungen mit Jesus machen?

53.
Dazugehören

Passt euch nicht dieser Welt an, sondern ändert euch, indem ihr euch von Gott völlig neu ausrichten lasst. Nur dann könnt ihr beurteilen, was Gottes Wille ist, was gut und vollkommen ist und was ihm gefällt.

Römer 12,2

. . . .

Letzten Sommer war ich mit ein paar Mädels unterwegs, die alle sehr hübsch und intelligent sind und außerdem einen großen Freundeskreis haben. (Ja, richtig, die Art von Mädchen, in deren Gegenwart man sich immer minderwertig fühlt.) Ich riskierte es, ihnen die folgende Frage zu stellen: „Fühlt ihr euch in eurer Gruppe dazugehörig?"

Äußerlich betrachtet schien diese Frage überflüssig zu sein und ich rechnete fest mit einem einstimmigen „Ja, klar!" Doch keine von ihnen reagierte so. Nach langem Schweigen bekannten sie alle fünf mit leiser Stimme: „Nein, nicht wirklich."

Wir kennen alle das Gefühl, nicht richtig dazuzugehören, „anders" zu sein. Wir kennen die Angst, von den anderen verlassen zu werden, wenn sie herausfinden, wie wir wirklich sind. Wir kennen die Gedanken, dass die anderen scheinbar ihr Leben immer auf die Reihe bekommen, während wir kaum etwas zustande bringen. Wir kennen das Gefühl, nicht dazuzugehören.

Wenn es dir genauso geht, möchte ich, dass du etwas weißt: Du bist nicht allein! Bei dem Versuch, uns durch unser Reden und Handeln den anderen anzupassen, können wir ganz schön in Schwierigkeiten geraten. Man lässt sich auf Dinge ein, die man eigentlich gar nicht möchte, sagt Dinge, die man nicht sagen will, trägt Klamotten oder isst sogar bestimmte Dinge, die man normalerweise überhaupt nicht mag. Man will einfach dazugehören.

Es war nie Gottes Absicht, dass du allein leben sollst. Er wünscht sich für dich einen Freundeskreis, mit dem du dein Leben teilst. Freunde, die zu dir halten und ähnlich ticken wie du, auch wenn sie vielleicht den Anschein erwecken, alles „auf die Reihe zu bekommen".

Es kann schwer sein, Freunde zu finden. Sie können dir wehtun, dich verletzen und im Stich lassen. Ganz sicher werden sie dich hin und wieder enttäuschen. Das ist einfach menschlich. Freunde können dir aber auch Gutes tun und dein Leben bereichern und deine Freude vertiefen. Es ist ein großes Geschenk, jemand zu haben, mit dem man sich gemeinsam „anders" fühlen kann!

→| →| →|

Danke, Jesus, dass du mich einzigartig gemacht hast. Manchmal wünschte ich zwar, ich würde mehr dazugehören, aber ich bete für Freunde, die mich so akzeptieren, wie ich bin; Freunde, die mich dazu motivieren, so zu werden, wie du mich gedacht hast. Amen.

54.
Herausragen

Viele sogenannte Freunde schaden dir nur, aber ein wirklicher Freund steht mehr zu dir als ein Bruder.

Sprüche 18,24

. . . .

Wir sind ein Ebenbild des lebendigen Gottes, und eines der größten weiblichen Merkmale dieses Bildes ist unser Wunsch nach Beziehungen. Wir Frauen sind durch und durch Beziehungswesen. Ebenso wie Gott haben wir ein tiefes Verlangen nach Beziehungen – und auch die Fähigkeit dazu. Und ebenso wie Gott wollen wir erwählt und begehrt werden. Nicht deshalb wollen wir für andere wichtig sein, weil wir etwas Bestimmtes leisten, sondern weil wir um unserer selbst willen geliebt werden möchten. Das ist ein guter Wunsch. Aber dieser Wunsch kann uns auch in Schwierigkeiten bringen.

Wenn du als Teenager unter Gruppenzwang stehst, kennst du die Probleme, die damit verbunden sind, aber auch als Erwachsene haben wir damit zu kämpfen. Wir Frauen neigen oft dazu, unseren Wert davon abhängig zu machen, was andere unserer Meinung nach über uns denken. Tief in unserem Inneren fühlen wir uns allein. Und Alleinsein ist das Erste, was Gott als „nicht gut" bezeichnete, als er die Welt erschuf (siehe 1. Mose 2,18).

Gott hat nie gewollt, dass du allein bist. Aber wie verhalten sich echte Freunde? Woher wissen wir, wem wir trauen können, wenn wir das Gefühl haben, nirgends richtig dazuzupassen?

Eine gute Freundin liebt dich, wenn du fröhlich und vergnügt bist, aber auch dann, wenn es dir schlecht geht. Eine wahre Freundin mag dich, wenn du nett bist, aber auch dann, wenn du ungenießbar bist, weil du bald deine Tage bekommst. Ihr gefällt vielleicht nicht das, was du tust, und sie mag es auch nicht, wenn du dich manchmal wie ein Drachen benimmst, aber sie liebt *dich*. Sie kennt dein wahres Ich, und wenn sie sieht, wie du dich verstellst und dich dabei selbst betrügst, kommt sie auf dich zu und macht dich darauf aufmerksam. Eine Freundin erkennt, wozu du bestimmt bist, und motiviert dich dazu, so zu werden, wie Gott dich gedacht hat. Eine gute Freundin verlangt von dir nicht, dass du dich anpasst. Sie wünscht sich, dass du als die Person herausragst, zu der Gott dich geschaffen hat.

Jesus,
hilf mir zu sehen, wie eine gute Freundin
sich verhält, damit ich so eine Freundin für
andere sein und gleichzeitig erkennen kann,
wer meine wahren Freunde sind. Amen.

55.
BFF – Best friends forever

*Ich nenne euch nicht mehr Knechte;
denn einem Knecht sagt der Herr nicht, was er
vorhat. Ihr aber seid meine Freunde.*

Johannes 15,15

. . . .

Viele Jahre lang glaubte ich, eine beste, wirklich *beste* Freundin würde mich immer verstehen und genau die gleichen Dinge mögen, die ich mag. Sie würde immer dann mit mir ins Kino gehen wollen, wenn auch ich will, und sie würde dieselben Konzerte besuchen wollen, die ich gerne besuchen will. Ihre größte Liebe und ihr größtes Verlangen würde Jesus gelten, und sie würde mich immer zu ihm zurückführen, wenn ich mich zu weit von ihm entfernte. Dasselbe würde ich auch für sie tun, und sie würde mich toll finden und mich für klug halten und immer Verständnis für meine Stimmungsschwankungen haben. Sie würde jederzeit für mich erreichbar sein, mich stets ermutigen und immer einfühlsam sein. Sie wäre von denselben Dingen begeistert wie ich, würde stets meine Scherze verstehen und hätte dasselbe Lieblingsrestaurant wie ich. Und sie wäre niemals beleidigt, wenn ich ihr gegenüber einen Fehler gemacht habe.

Wie peinlich, dass ich so gedacht habe!

In Wahrheit habe ich bereits tolle Freundinnen, die einfach die besten sind. Und ich lerne immer mehr, dass jede von ihnen unterschiedliche Begabungen und dadurch etwas Einzigartiges zu bieten hat, das die andere nicht hat. Das, was sie voneinander und von mir unterscheidet, ist eine Bereicherung für mein Leben! Keine einzige Frau kann alles für mich sein. Gott stillt mein Bedürfnis nach Freundschaft, aber nicht nur durch eine einzige Person. Manche Frauen haben so eine beste Freundin. Aber die meisten nicht. Stattdessen haben viele von uns mehrere gute Freundinnen, die uns etwas zu bieten haben und denen wir etwas geben können. Unsere Bedürfnisse werden auf vielfältige Weise gestillt, indem wir von einigen wenigen Freundinnen liebevoll mit dem beschenkt werden, was sie uns geben können. Umgekehrt gilt dasselbe. Ich glaube, kein Mensch ist wirklich in der Lage, für jemand anderes das Ein und Alles zu sein. Das gilt übrigens auch für einen Partner. Diese Last ist einfach zu groß. Nur Gott kann uns alles geben.

Gott versteht uns immer. Er ist jederzeit für uns verfügbar. Das trifft auf Menschen nicht zu. Sie haben ihr eigenes Leben, ihr Programm und eine Unmenge von Leuten, die etwas von ihnen wollen. Dadurch können sie uns nicht ständig zur Verfügung stehen, aber das ist normal. Jesus nennt uns „Freund(in)", und ich möchte ihn als meinen König und meinen Gott und meinen Freund kennen, der sich an mir freut, mich vollkommen annimmt und bedingungslos liebt. Denn genau so ist er.

*Gott,
du hast das ganze Universum erschaffen, und trotzdem bezeichnest du mich als „Freundin". Ich möchte dich als meinen besten Freund noch viel besser kennenlernen, als den Freund, der immer für mich da ist, mich jederzeit versteht und mich unaufhörlich und vollkommen liebt. Amen.*

56.
Loslassen

*Jedes Ereignis, alles auf der Welt
hat seine Zeit.*

Prediger 3,1

. . . .

Es war wie eine Offenbarung für mich, als mir bewusst wurde, dass nicht jede Freundin oder jeder Freund in meinem Leben bis an mein Lebensende an meiner Seite ist. Freundschaften verändern sich. Menschen verändern sich. Du veränderst dich. Und das soll auch so sein.

Vor einigen Jahren merkte ich, dass die Beziehung zu einer bestimmten Freundin keine lockere Freundschaft mehr war, sondern dass ich mich richtig an sie klammerte. Wir waren schon seit vielen Jahren befreundet, und ich ging davon aus, dass wir bis an unser Lebensende Freundinnen sein würden. Leider nahm ich die alarmierenden Anzeichen nicht wahr, dass sich diese Freundin schon eine Weile von mir zurückgezogen hatte und ich mich weigerte, das zu erkennen. Ich wollte *meinen* Willen durchsetzen.

Ich fand sie einfach toll. Und ich nahm an, dass sie dasselbe auch von mir dachte!

Irgendwo auf unserem Weg war mein Wunsch nach Beziehung zu einer Forderung geworden, und fordernde Haltungen in einer Freundschaft bedeuten das Aus – für jede Beziehung. Ich musste meine Umklammerung lösen und meine Freundin in Liebe ziehen lassen. Ich musste außerdem Jesus in die Bereiche meines Herzens einladen, die sich geweigert hatten, die Wahrheit zu akzeptieren, dass ich sie loslassen musste.

Stur auf einer Sache bestehen, Ansprüche stellen, sich weigern, der Realität in die Augen zu sehen: Glaube mir, das führt uns nicht zu dem Leben, das Jesus für uns bereithält.

Loslassen, freigeben, Freiheit schenken: Dazu hat uns Jesus berufen. Das sind die Kennzeichen einer liebevollen Freundschaft – einer Freundschaft, die man manchmal auch loslassen muss.

> *Gott,*
> *gibt es Menschen, an die ich mich auf ungesunde Weise klammere? Gibt es in meinen Freundschaften Bereiche, wo ich loslassen muss? Ich weiß, dass ich ohne dich nichts tun kann. Wie kann ich mich besser an dich klammern?*

57.
Wer feuert dich an?

Wie man Eisen durch Eisen schleift, so schleift ein Mensch den Charakter eines anderen.

Sprüche 27,17

• •

Ich kann mich noch gut daran erinnern, wie ich in den Armen einer sehr guten Freundin schluchzte, als ich mit meiner Familie fortzog. Ich hatte das Gefühl, mein Herz würde in Stücke gerissen.

Es kann sehr schmerzhaft sein, eine Freundin loszulassen, oder schlimmer, selbst losgelassen zu werden. Wenn eine Freundschaft aufgrund von Kränkungen, Missverständnissen, Wut oder Verrat zu Ende geht, ist das schlimm. Wie qualvoll ist es, wenn Gott uns dazu auffordert, von einer Freundschaft Abstand zu nehmen, wenn Liebe und Harmonie aus dieser Beziehung verschwunden sind.

Manchmal endet eine Freundschaft einfach deshalb, weil eure Wege auseinandergehen. Du wechselst die Schule. Du beendest die Schule. Du oder deine Familie muss aus beruflichen Gründen in eine andere Stadt ziehen. Manchmal verlagern sich die natürlichen, einfachen Wege, über die wir als Freunde Kontakt halten. Dann erfordert es *von beiden Seiten* enorm viel Mühe, um eine Freundschaft unter veränderten Bedingungen aufrechtzuerhalten. Um manche Freundinnen sollten wir kämpfen, andere vielleicht loslassen.

Wir sind dazu bestimmt zu wachsen, uns zu verändern und uns unser Leben lang zu entwickeln. Wir brauchen Menschen in unserem Umfeld, die bereit sind, uns als die Person zu feiern, die wir einmal sein werden. Unsere echten Freundinnen sind Menschen, die uns anfeuern und Mut machen, uns nach der nächsthöheren Version unseres Selbst – zu der Gott uns beruft – auszustrecken.

Danke, Gott, für die Menschen, die mich dazu ermutigen, dir treu zu sein.

58.
Eifersucht und Neid

Wer gelassen und ausgeglichen ist, lebt gesund. Der Eifersüchtige wird von seinen Gefühlen innerlich zerfressen.

Sprüche 14,30

- -

Es erfordert viel Feingefühl, Verständnis und Weisheit, eine Freundin durch Prüfungen hindurch zu begleiten. Doch eigentlich ist es viel schwieriger, sie durch eine Phase des Erfolges und des Glücks zu begleiten. „Sie wurde zur beliebtesten Mitschülerin gewählt. Mich nimmt man noch nicht einmal wahr." – „Ich wünschte, ich hätte das Begabtenstipendium bekommen." – „Sie hat so tolle, neue Klamotten. Ich wünschte, *ich* hätte auch neue Sachen."

Vorsicht! Eifersucht und Neid bedeuten beide das Aus für eine Freundschaft. Gott will nicht, dass wir auf etwas eifersüchtig sind, was eine Freundin bekommen oder erreicht hat. Wir sollen uns mit ihnen freuen. Gott will, dass wir immer und ausschließlich das Beste für unsere Freundin wünschen.

Ich weiß, das ist eine große Herausforderung – natürlich auch für mich. Es ist nicht immer leicht, Menschen liebevoll durch Freud und Leid zu begleiten. Gott arbeitet immer an unseren Herzen. Er prüft und formt uns, er reinigt und schafft klare Bahn, wo es nötig ist. Für eine gute Beziehung mit einem anderen Menschen müssen wir zuerst eine gute Beziehung mit Gott führen. Er allein ist der Weg heraus aus der hässlichen Eifersucht, die wie ein Stachel in unserem verwundbaren Herzen sitzt.

Im Grunde genommen vollzieht sich ein beträchtlicher Teil unseres Reifeprozesses innerhalb unserer Beziehungen. Freundschaften sind nicht immer so schön warm und schützend wie ein Treibhaus. So wie Bäume durch Stürme stark werden und Dürreperioden sie dazu zwingen, ihre Wurzeln tiefer auszustrecken, so tragen unsere Beziehungen dazu bei, dass wir in unserer Persönlichkeit und in unserer Beziehung zu Gott wachsen. Wenn unser zerbrechliches Menschsein sich auf eine Weise offenbart, die wir und unsere Mitmenschen nicht mögen, dann können wir es Gott vor die Füße legen. Wir können um Vergebung bitten und darum, dass Gott uns mit seiner Liebe erfüllen möge. Und so wird uns das Gebet „Christus, der du in mir lebst, liebe du diesen Menschen durch mich" immer mehr zu einer Gewohnheit. Wir kommen immer wieder auf unseren besten Freund, Jesus, zurück.

*Jesus,
das ist ganz schön hart für mich. Ich möchte weise sein, wen ich mir als Freund oder Freundin auswähle, und dann möchte ich an dieser Freundschaft festhalten und auch in stürmischen Zeiten daran festhalten. Bitte hilf mir, die Art von Freundin zu werden, wie du sie dir vorstellst. Amen.*

59.
Vergeben lernen

Liebe ... ist nicht nachtragend.

1. Korinther 13,5

· ·

Viel zu oft halten wir in unseren Freundschaften an Listen fest, in denen wir fein säuberlich all das Unrecht notiert haben, das uns angetan wurde. Wir sagen zwar, wir hätten vergeben – und wir sind vielleicht sogar wirklich überzeugt, dass das stimmt –, doch wenn wir die Liste wieder vor Augen haben, betrachten wir sie mit einer Art krankhafter Befriedigung. „Siehst du, was ich meine? Hab ich das nicht gleich gesagt?"

Der Begriff, der in der Bibel für *Kränkung* verwendet wird, bedeutet eigentlich „Köder", die Art von Köder, der in einer Falle ausgelegt wurde, um ein Tier in den Tod zu locken. Wenn wir uns ständig mit unseren Verletzungen befassen, haben wir „Köder" der Kränkung geschluckt und sitzen in der Falle.

Kränkungen müssen rasch vergeben werden, sonst werden sie an der Beziehung nagen und sie vergiften.

Jesus nahm all unsere Kränkungen und all unsere Verletzungen auf seinen zerschlagenen Körper, als er für uns starb, und er trug auch all die Kränkungen der anderen. Alles, was er erlitt – die Schläge, die Geißelung, den Spott und schließlich die Kreuzigung –, war mehr als genug, um dafür zu bezahlen.

Mit Gottes Hilfe müssen wir uns dazu entscheiden, dem anderen zu vergeben. Lass das Unrecht los. Lass die Person los. Komm heraus aus der Falle!

> *Lieber Gott,*
> *ich vergebe allen, die mich verletzt haben, und ich segne sie im Namen Jesu. Ich bete, dass du mehr von dir in ihrem Leben offenbarst. Und ich vergebe mir selbst die Kränkungen, die ich anderen zugefügt habe. Bitte erfülle mich mit deinem Geist; lebe und liebe du durch mich, sodass ich andere lieben kann. Amen.*

60.
Die Macht der Worte

Worte haben Macht: Sie können über Leben und Tod entscheiden.

Sprüche 18,21

. . . .

Es gibt einen Grund, warum man einen Film mit dem Titel „Girls Club – Vorsicht bissig!" gedreht hat. Der Grund ist der, dass Mädchen ziemlich boshaft sein können. Sie können tyrannisch sein – sowohl im wirklichen Leben als auch durch die sozialen Medien. Sie können lästern, andere wie Luft behandeln, ihre Verachtung zeigen und Lügen erzählen.

Du kennst vielleicht das Sprichwort: „Stock und Stein brechen mein Gebein, doch Worte bringen keine Pein." Aber das ist ziemlich weit von der Wahrheit entfernt. Worte können verletzen. Wir sind Frauen. Wir gebrauchen Worte, und Gott tut das auch. Er *ist* das Wort. Und wir sollen uns ein Beispiel an ihm nehmen und unsere Worte dazu gebrauchen, dass wir andere segnen, sie ermutigen und Leben spenden.

Das Tolle ist, wir können das! Ist der Gedanke nicht aufregend, dass wir als Partner des Heiligen Geistes nicht nur kleine Inseln der Hoffnung und Freundlichkeit, sondern auch treue Freundschaften aufbauen können, und das mitten im Meer der Lieblosigkeit, die viel zu viele Mädchen erleben müssen?

*Jesus,
ich lebe in einer Welt, in der tagtäglich grausame, unwahre und verletzende Worte ausgesprochen werden. Hilf mir, dass ich dagegen Worte sage, die Licht, Wahrheit und Heilung bringen. Ich möchte dein Partner sein und auf positive Weise machtvolle Worte sprechen. Amen.*

61.
Ehrlichkeit

*Stattdessen wollen wir die Wahrheit
in Liebe leben und zu Christus hinwachsen,
dem Haupt der Gemeinde.*

Epheser 4,15

. . . .

In der Bibel werden wir aufgefordert, die Wahrheit *in Liebe* zu sagen. Das bedeutet, Ärger, Unmut und der Wunsch, den anderen zu verletzen, haben da nichts zu suchen. Bevor wir die Wahrheit aussprechen, müssen wir sorgfältig prüfen, welche Motive dahinterstecken. Wir müssen zuerst herausfinden, *warum* wir etwas sagen wollen, was in unseren Augen die Wahrheit ist. Wir müssen sichergehen, dass es wirklich in liebevoller Absicht geschieht und weil wir den anderen segnen wollen.

Wir werden in der Bibel *nicht* ermahnt, alles zu sagen, was die Wahrheit ist. In unserer Kultur der Ehrlichkeit fühlen wir uns vielleicht veranlasst, alles mit unseren engsten Freunden zu teilen, sogar die negativen Dinge. Wir wollen doch ehrlich sein, nicht wahr? Wir wollen doch keine Geheimnisse voreinander haben, stimmt's? Falsch! Wenn wir mit einem uns nahestehenden Menschen oder einer Freundin jeden Gedanken und jedes Gefühl teilen, werden wir in unserer Beziehung Chaos und Verwüstung anrichten.

Keine Freundschaft kann es leisten, die Last jedes unserer kleinsten Probleme zu tragen. Das kann nur Jesus. Er kennt uns. Es gibt nichts, womit wir ihn schockieren können. Wir sind ihm keine Last. Wenn du deiner Freundin die Wahrheit mitteilen willst, weil du der Meinung bist, dass nichts zwischen euch stehen soll, dann kannst du sie und eure Beziehung damit überfordern. Uneingeschränkte Ehrlichkeit ist für keine Beziehung gesund. Freundschaften sind kein Müllabladeplatz für unsere negativen Gedanken, Vorstellungen und Emotionen.

Bekennen ist gut für die Seele, aber vor wem sollte man ein Bekenntnis ablegen und wem tut das gut? Sicherlich nicht der Person, über die man verletzende Gedanken hegte! Wunden können heilen. Schaden kann repariert werden. Vergebung kann geschenkt werden. Aber Worte können nicht einfach ausgelöscht werden. Wir können einander großen Schaden zufügen, wenn wir auf absolute Ehrlichkeit pochen.

Während wir uns also immer mehr zu der Person entwickeln, zu der Gott uns bestimmt hat, müssen wir lernen, dass wir nur die Wahrheit aussprechen, die Gott uns aufs Herz legt, und zwar in Liebe – und nur dann, wenn Gott uns wirklich dazu auffordert.

*Jesus,
du bist mein bester Freund. Mit dir kann
ich immer vollkommen ehrlich sein, und du
liebst mich durch und durch. Was können
wir beide heute zusammen unternehmen,
um unsere Freundschaft zu genießen? Ich
möchte so gerne von dir hören!*

62.
Schlechte Beziehungen

*Wenn ich auf etwas stolz sein möchte,
dann auf das, was Jesus am Kreuz
für uns erlitten hat. Sein Kreuz macht mir
einen Strich durch jede Art
menschlicher Geltungssucht.*

Galater 6,14; WD

. . . .

Bei manchen Menschen hat man das Gefühl, dass sie einem viel Energie rauben. Das liegt daran, dass sie im wahrsten Sinne des Wortes das Leben aus einem heraussaugen. Solche Beziehungen sind schlecht und nicht in Gottes Sinn. Du musst sie beenden.

Wenn sich jemand um uns Sorgen macht, sich über uns ärgert oder uns verurteilt, und diese Emotionen dazu führen, dass sich diese Person zwanghaft mit uns beschäftigt, dann entsteht dadurch eine ungute Beziehung. Eine seelische Verbindung ist niemals eine Einbahnstraße. Womit du zu kämpfen hast, das überträgt sich auch auf die andere Person.

Die Worte in Galater 6,14 machen deutlich, dass es unter dem Kreuz Jesu keine menschliche Geltungssucht mehr gibt. Das Kreuz verändert jegliche Beziehung, auch familiäre Beziehungen. Jesus sagt uns: „Wer seinen Vater oder seine Mutter, seinen Sohn oder seine Tochter mehr liebt als mich, der ist es nicht wert, mein Jünger zu sein. Und wer nicht bereit ist, sein Kreuz auf sich zu nehmen und mir nachzufolgen, der kann nicht zu mir gehören" (Matthäus 10,37–38).

Alle Beziehungen sind damit der Herrschaft Jesu unterstellt.

Die einzige Bindung, die wir laut Bibel aufrechterhalten sollen, ist das Band der Liebe durch den Heiligen Geist. Für alle anderen Bindungen ist es an der Zeit, dass wir sie auflösen. Du wirst es nicht glauben, wie frei du sein kannst und wie gut du dich danach fühlen wirst!

Aber verstehe das jetzt nicht falsch: Eine seelische Verbindung zu einer Person aufzulösen bedeutet *nicht*, dass du diese Person *ablehnen* sollst. Das, was du tust, soll immer von Liebe bestimmt sein. Lass nicht zu, dass der andere sich zwanghaft an dich bindet, und weigere dich, zwanghaft an den anderen gebunden zu sein. Lass es nicht zu, dass der andere dich kontrolliert, und weigere dich auch, den anderen zu kontrollieren. Ganz sicher willst du nicht den Kampf des anderen führen, und der andere will auch nicht deinen Kampf austragen.

Das folgende Gebet ist vielleicht eine Hilfe für dich:

Im Namen Jesu durchtrenne ich jetzt alle seelischen Verbindungen mit _____ (nenne den Namen der Person). Diese Person hat keinen Einfluss mehr auf mich. Ich stelle das Kreuz von Jesus und seine Liebe zwischen uns. Ich lasse nicht zu, dass der Kampf von _____ (nenne den Namen der Person) sich auf mich überträgt. Ich befehle meinen Geist neu Jesus Christus an. Ich vertraue _____ (nenne den Namen der Person) dir an, Jesus. Ich überlasse sie/ihn dir. Segne sie/ihn, Gott! Amen.

63.
Eine echte Freundin sein

*Seid in herzlicher Liebe miteinander
verbunden, gegenseitige Achtung soll euer
Zusammenleben bestimmen.*

Römer 12,10

• •

Bist du auch bei WhatsApp, Instagram oder Snapchat aktiv? Soziale Medien haben ihre guten Seiten, bergen aber auch manche Gefahren in sich. Sie sind sehr nützlich, um in Verbindung zu bleiben und sich schnell mitteilen zu können. Doch sie sind kein Ersatz für persönliche Kontakte, bei denen man dem anderen in die Augen sehen kann. Du kannst Hunderte von Kontakten bei Facebook oder WhatsApp haben, doch so viele Freundschaften kannst du im realen Leben gar nicht aufrechterhalten. Deshalb ist es wichtig, dass du nicht nur im Internet unterwegs bist, sondern in der „realen Welt" deine Beziehungen pflegst.

Schon Jesus hatte seine Freundeskreise, und du brauchst sie auch. Vielleicht gibt es ein bis drei Mädchen, mit denen du dich wirklich eng verbunden fühlst. Freundinnen, denen du jede Einzelheit deines Lebens, ob innerlich oder äußerlich, anvertrauen würdest. Dann gibt es noch einen größeren Kreis von, sagen wir, zehn bis fünfzehn Freundinnen, mit denen du zwar vertraut bist und regelmäßig abhängst, die du aber nicht unbedingt um drei Uhr morgens anrufen würdest. Sie sind aus deinem Teeniekreis, deiner Nachbarschaft oder deiner Schule. Darüber hinaus gibt es einen noch größeren Kreis von Bekanntschaften. Die, die du auf dem Schulhof siehst und denen du Hallo sagst. Das sind Freunde aus deinem Spanischkurs oder deinem Volleyballteam. Das ist alles schön und gut und normal. Du brauchst sie alle.

Freunde sind ein Geschenk Gottes an uns, ein Geschenk, das aus tiefstem Herzen kommt und für unser Herz bestimmt ist. Niemand kann bessere und vollkommenere Geschenke verteilen als er. So sind Freunde. Sie sind kostbare Schmuckstücke, die wir schätzen und pflegen sollten. Freundinnen teilen miteinander Kleidung, Notizen aus dem Unterricht, Mut, Ideen, Glauben und Hoffnung. Ralph Waldo Emerson sagte einmal: „Der einzige Weg, einen Freund zu haben, besteht darin, selbst einer zu sein." Also versuche eine gute Freundin zu sein. Bete für deine Freundinnen. Geh nett und mitfühlend mit ihnen um. Sprich die Wahrheit in Liebe aus. Vergib ihnen, wenn sie dich verletzt oder enttäuscht haben. Zeig dich als wahre Freundin, so wie du es dir auch von ihnen wünschst. Und bei allem vertraue dein Herz deinem besten, ewigen Freund, Jesus, an. Seine Liebe zu dir hört niemals auf!

*Jesus,
hilf mir, eine echte Freundin für andere zu sein. Hilf mir, auf meinen Umgang mit den sozialen Medien zu achten. Zeige mir, wo sie sich positiv auf meine Freundschaften und Beziehungen auswirken und wo sie ihnen schaden, und führe mich dahin, dass ich den Unterschied erkennen kann. Amen.*

64.
Gott schuf sie als Mann und Frau

Drei Dinge sind mir rätselhaft, und auch das Vierte verstehe ich nicht: der Flug des Adlers am Himmel, das Schleichen der Schlange über einen Felsen, die Fahrt des Schiffes über das tiefe Meer und die Liebe zwischen Mann und Frau!

Sprüche 30,18–19

• •

Das Erste, was in der Bibel über die Menschen gesagt wird, ist, dass Gott uns nach seinem Ebenbild geschaffen hat. „So schuf Gott den Menschen als sein Ebenbild" (1. Mose 1,27). Die zweite Sache, die wir hier erfahren, ist, dass wir entweder als Mann oder als Frau geschaffen sind: „Als Mann und Frau schuf er sie" (Vers 27). Das Geschlecht ist sozusagen das Herzstück des Menschen. Du bist eine junge Frau, also weiblich. Jungs sind nun mal… männlich. Ganz tief in ihrer Seele, nicht nur körperlich, sind Jungs einfach *Jungs*. Und Jungs sind ziemlich „anders" als Mädchen. Aber da erzähle ich dir bestimmt nichts Neues.

Jungs unterscheiden sich von Mädchen sowohl innerlich als auch äußerlich. Und das von Anfang an. Bereits während der Entwicklungsphase im Mutterleib gibt es geschlechtliche Unterschiede, was die Entwicklung des Gehirns, die Hirnchemie und den Hormonspiegel betreffen. Jungs tragen dieselbe tiefe Sehnsucht im Herzen – nämlich geliebt zu werden –, alle anderen Kernfragen, tiefen Wünsche und Ängste nehmen bei ihnen jedoch eine andere Form an als bei uns Frauen.

Denke daran, jedes Kind kommt mit einer Frage auf die Welt, auf die es eine Antwort sucht. Diese einfache Frage lautet: „Werde ich geliebt?" Kleine Mädchen formulieren diese Frage so (und richten sich dabei hauptsächlich an ihren Vater): „Freust du dich über mich? Bin ich etwas Besonderes? Findest du mich hinreißend?" Jungs stellen diese Frage anders. Sie wollen nicht wissen, ob man sich über sie freut. Sie wollen hören, dass sie stark sind. Ihre Fragen lauten eher ungefähr so: „Habe ich das Zeug dazu? Bin ich unschlagbar?"

Unsere Kernfragen unterscheiden sich und so auch unsere Ängste. Die größte Angst eines Mädchens ist die, verlassen zu werden. (Stimmt doch, oder? Fürchtest du nicht auch ganz tief in deinem Inneren, dass man dich allein lässt und du niemanden mehr hast? Das liegt daran, dass wir nicht dazu bestimmt sind, allein zu sein. Wir sind durch und durch ein Beziehungswesen.) Das größte Schreckgespenst eines Jungen ist das Versagen. Nicht in der Lage zu sein, schwirige Situationen zu meistern.

Wir sind anders. Und anders ist gut! Der einzige Grund, warum wir hier auf der Erde sind, ist der: Wir sollen lernen zu lieben. Wir sollen Gott, andere Menschen und uns selbst lieben. Das ist nicht einfach. Daran müssen wir ein Leben lang arbeiten.

Wir lernen es nur durch Übung! Wir haben die Ehre, gemeinsam mit Gott andere Menschen zu lieben. An jedem einzelnen Tag erfahren wir ein Stück mehr davon, wie sehr Gott uns liebt. Welch ein Geschenk!

*Lieber Gott,
danke, dass du Jungs und Mädchen unterschiedlich gemacht hast, auch wenn die Unterschiede und Missverständnisse mich manchmal auf die Palme bringen. Hilf mir zu lieben, auch mich selbst. Amen.*

65.
Ein sicherer Ort

*Weckt die Liebe nicht und scheucht sie nicht auf,
bis es ihr selbst gefällt!*

Hoheslied 2,7; NeÜ

· ·

Liebe ist gut. Liebe ist großartig. Sexuelle Anziehungskraft ist ein Geschenk. Sie ist etwas Heiliges. Du bist heilig. Genau wie die Jungs. Behandle sie also so, wie du behandelt werden willst, und verlange von ihnen, dass auch sie dich respektvoll behandeln.

Wenn ein Junge dich anlächelt, kann dir das den ganzen Tag versüßen. Wenn er dir nachläuft (und er dein Typ ist), sind das für dich die größten Glücksmomente. Das Problem ist, wenn du von einem Jungen einen Korb bekommst, kann dir das das Herz brechen. Ein junger Mann sollte niemals so viel Macht über dich bekommen, dass er deinen Wert, deine Schönheit oder den Grad deiner Begehrtheit festlegen darf. Ich weiß, das ist echt schwierig. Aber vergiss nicht: Kein Junge hat das Recht, dich als Frau zu bewerten.

Jungs können die tiefsten Fragen deines Herzens nicht beantworten. Nur Gott, unser himmlischer Vater, kann das. Er will, dass deine Seele sicher ist. Du sollst wissen, dass du in jedem Moment deines Lebens bis in alle Ewigkeit geliebt bist. Du bist gut. Du bist begehrt. Du bist wunderschön. Du bist auserwählt. Jemand geht dir nach und interessiert sich für dich. Jesus hat alles getan, alles gegeben und alles gewonnen, um dich für sich zu gewinnen. Denn du bedeutest ihm alles.

Jungs sind großartig, und romantische Beziehungen sind aufregend. Doch selbst in deinen besten Zeiten musst du tief in deinem Herzen wissen, dass du geliebt und begehrt bist, unabhängig von einem anderen Menschen oder einer anderen Sache. Beziehungen verändern sich. Gott verändert sich nicht. Seine Liebe ist der einzige sichere Ort für dein Herz, und dieser Ort wird für immer und ewig derselbe bleiben.

*Jesus,
du kennst mich besser als irgendjemand anders. Deine Liebe zu mir verändert sich nie. Ich gebe dir heute mein Herz. Nimm es ganz. Amen.*

66.
Oh Mann, diese Jungs!

Verlass dich nicht auf deine eigene Urteilskraft, sondern vertraue voll und ganz dem Herrn! Denke bei jedem Schritt an ihn; er zeigt dir den richtigen Weg und krönt dein Handeln mit Erfolg.

Sprüche 3,5–6

. . . .

Ich finde, Jungs sind wundervoll. Ich denke nicht, dass sie eine Gefahr für uns sind. Gefährlich wird es, wenn du dein Herz verschenkst. Gefährlich wird es, wenn du deinen Körper hergibst. Aber Jungs? Sie sind toll! Ich liebe sie! (Ich bin selbst Mutter von drei Prachtexemplaren.) Es gibt da draußen wirklich großartige Jungs, die Stärke besitzen, die freundlich, nett und anständig sind, eine gute Einstellung haben, gut aussehen, die tiefsinnig und fürsorglich sind, in denen viel Humor, Abenteuerlust und Kreativität steckt, die mutig sind und ein wirklich gutes Herz haben. Trotzdem sind Jungs ein großes Rätsel.

Ihre Seele ist wie ein tiefes Wasser. Sie sehnen sich danach, respektiert zu werden. Sie wollen, dass man an sie glaubt, ihnen sagt, dass sie stark sind. Sie wollen in ihrer Männlichkeit bestätigt werden. Und wie es auch bei uns Frauen ist: Sie müssen all dies von ihrem himmlischen Vater hören.

Die meisten Jungs und jungen Männer haben bisher noch keine Antworten auf ihre Fragen bekommen. So wie du in deiner Weiblichkeit Verletzungen erfahren hast, so fühlen auch sie sich oft in ihrer Männlichkeit verwundet. Mit all den tiefen, unbeantworteten Fragen in seinem Herzen gerät ein Junge leicht in die Versuchung, sein Leben und seine Person von einem Mädchen bewerten zu lassen. Es ist ein Riesenfehler, wenn er sich die Bestätigung für seine Fähigkeiten von einem Mädchen holt – genauso wie es ein Fehler ist, wenn du seine Bestätigung brauchst, dass du eine faszinierende Person bist. Aber die meisten Jungs wissen das noch nicht.

Sei freundlich und nett zu ihnen. Zeig ihnen deine Anerkennung für ihre Stärke. Weise sie auf Jesus hin. Behandle sie mit Respekt, und achte auf den Einfluss, den du auf sie ausübst. Er ist größer, als dir bewusst ist!

*Jesus,
die Jungs, die ich kenne, brauchen dich genauso,
wie ich dich brauche. Sie brauchen die Bestätigung
von dir, damit sie wissen, wer sie sind. Sie brauchen
deine Hilfe, damit sie so werden können, wie du es
dir vorgestellt hast. Hilf mir, dass ich mich jederzeit
daran erinnere, und hilf ihnen zu wissen, wie sehr
du sie liebst. Amen.*

67.
Gottes Schatz

*Dann werde ich den Vater bitten,
dass er euch an meiner Stelle einen Helfer gibt,
der für immer bei euch bleibt.*

Johannes 14,16

• •

Neulich las ich in einem Artikel, dass du den Charakter einer Person am besten daran erkennst, wenn du beobachtest, wie sie die Angestellten einer Dienstleistungsbranche – also eine Kellnerin, eine Reinigungskraft oder einen Handwerker – behandelt. Das ist eine gute Bewährungsprobe. Liebe ist niemals unhöflich. Weder zu Freunden und zu Geschwistern noch zu den eigenen Eltern oder dem Kellner. Wie wir andere behandeln, zeigt so viel von unserem Charakter. Wie lebt und verhält sich jemand, wenn scheinbar niemand ihn sieht? Dann kommt nämlich ans Licht, wie er in Wahrheit ist.

Wenn du dich zu einem Jungen hingezogen fühlst, gibt es ein paar Bewährungsproben, durch die du ihn schicken kannst, bevor du entscheidest, ob du die Beziehung zu ihm weiter vorantreiben willst. Wie behandelt er andere? Welche Freunde hat er? Magst du sie auch? Sind das nette Jungs? Das sagt eine Menge über seine Person aus. Was tut er für andere? Ist er in irgendeiner Form hilfsbereit? Oder dreht sich in seinem Leben alles nur um ihn? Behandelt er andere mit Respekt? Behandelt er sich selbst mit Respekt? Wenn nicht, dann wird er dich garantiert auch nicht respektvoll behandeln. Und was am wichtigsten ist: Hat er eine persönliche Beziehung zu Jesus?

Wenn du ein Teenager bist, durchlebst du gerade eine Zeit mit vielen Höhen und Tiefen, und das kann manchmal ganz schön kompliziert sein. Aber du stehst nicht allein da. Lade Jesus ein, jeden Tag mit dir durchzustehen. Du musst nicht allein mit dir selbst, deinen Beziehungen oder deinem Leben zurechtkommen. Der Heilige Geist ist nicht nur deine Stärke und dein Tröster. Er ist auch dein ganz persönlicher Ratgeber, den Gott dir geschickt hat, weil – nun, weil wir alle ihn brauchen. Nicht nur hin und wieder, sondern in jedem Moment unseres Lebens.

Du bist Gottes Schatz. Du stehst im Zentrum seiner Zuneigung und Liebe. Er liebt dich so sehr! Er möchte, dass du das weißt, darin lebst und andere genauso behandelst. Auch die Jungs. Eines Tages wird das höchstwahrscheinlich ein ganz bestimmter Junge sein. Bitte Gott, dass er dir hilft, in seiner Liebe zu leben. Er liebt es, für dich da zu sein und dir zu helfen.

*Gott,
ich brauche deine Hilfe, damit ich verstehen kann, dass ich dein Schatz bin. Nur wenn ich das verstanden habe, kann ich andere wirklich lieben. Amen.*

68.
Du bist geschaffen, um zu lieben

Glücklich sind die Barmherzigen, denn sie werden Barmherzigkeit erfahren.

Matthäus 5,7

• •

Wir sind dazu bestimmt, geliebt zu werden und andere zu lieben. Wenn wir andere lieben, gehen wir das Risiko ein, von ihnen verletzt zu werden. Verletzungen kommen vor. Die einzige Möglichkeit, nicht verletzt zu werden, ist … nun, wenn ich dir die Wahrheit sagen soll: Es gibt keine.

In seinem Buch „Vier Arten der Liebe" schreibt C. S. Lewis:

Zu lieben bedeutet, überhaupt verwundbar zu sein. Verschenke Liebe und du wirst ganz sicher ausgenutzt, vielleicht wird dein Herz gebrochen. Wenn es unversehrt bleiben soll, darfst du dein Herz an niemanden verschenken, noch nicht einmal an ein Tier. Verstecke es sorgfältig unter deinen Hobbys und kleinen Luxusartikeln; vermeide jegliche Art von Verwicklungen; verschließe dein Herz sicher im Sarg deiner Selbstsucht. Doch bedenke, in diesem Sarg, wo es sicher und dunkel ist und weder Bewegung noch Luft vorhanden sind, wird sich dein Herz verändern. Es wird nicht gebrochen werden; es wird unzerbrechlich, undurchschaubar, verstockt.[1]

Ja, zu lieben bedeutet, verwundbar zu sein. Wir werden verletzt, missverstanden, verwundet und sogar betrogen. Wenn wir Frauen bleiben wollen, die trotzdem Liebe verschenken, müssen wir anderen immer wieder vergeben. Falls du von Jungs verletzt worden bist, musst du ihnen vergeben. Das bedeutet nicht, dass du unbedingt die Beziehung zu ihnen aufrechterhalten musst. Es bedeutet, dass du sie loslässt und Jesus einlädst, dich zu heilen und dir zu helfen, daraus zu lernen.

Jesus,
mein Herz ist verwundet. Ich bin so sehr verletzt davon, was _____ mir angetan hat. Doch weil ich dich liebe und weil du willst, dass ich liebe; weil du weißt, was das Beste für mich ist, weil ich dich brauche; weil du mir vergeben hast, deshalb vergebe ich ihm auch. Ich vergebe ihm folgendes Unrecht: _____. Ich lasse es jetzt los und bringe es dir.
Und ich vergebe mir auch selbst folgendes Unrecht: _____. Jesus, bitte kümmere dich um mein verwundetes Herz. Bitte sprich jetzt zu mir. Ich brauche deine Liebe. Hier und jetzt. Danke, dass du mich von jeder Sünde, die ich begangen habe, und dem Schmerz, den andere mir angetan haben, frei machen kannst. Du bist genug. Ich liebe dich!
Und, Jesus, ich durchtrenne jede Seelenverbindung mit _____. Ich gebe diesen Menschen jetzt an dich ab. Amen.

69.
Das größte Gebot

„Herr, welches ist das wichtigste Gebot im Gesetz Gottes?" Und er antwortete: „Du sollst den Herrn, deinen Gott, lieben von ganzem Herzen, mit ganzer Hingabe und mit deinem ganzen Verstand!"

Matthäus 22,36–37

• •

Was möchte Jesus? Was wünscht er sich mehr als alles andere? Nun, das ist nicht schwer zu beantworten, denn Jesus hat kein Geheimnis daraus gemacht. Er möchte, dass wir ihn lieben. Und nicht nur das: Er sagt uns sogar, dass dies die wichtigste Aufgabe in unserem Leben ist. Gott lieben! Jesus ist Gott. Er sagt: „Liebe mich! Das Wichtigste und Größte, was du mit deinem Leben anfangen kannst, ist dies: mich zu lieben!"

Jesus hat zwar Wünsche und Träume in unser Herz gelegt, doch für ihn ist es nicht das Allerwichtigste, dass wir unsere Gaben einsetzen, um das Reich Gottes voranzubringen. Das Allerwichtigste für ihn ist, dass wir ihn lieben. Natürlich ist es auch wahr, dass wir ihn lieben, wenn wir die anderen lieben, aber die unmittelbare Liebe zu Jesus steht über allem. Und diese Liebe zeigen wir ihm am besten, wenn wir bei ihm sind, Zeit mit ihm verbringen und ihn anschauen.

Denke einmal darüber nach: Du bist ein Abbild Gottes, denn du wurdest nach seinem Bild erschaffen. Mit deiner Weiblichkeit, die in der Tiefe deines Herzens verankert ist, zeigst du der Welt einen Teil von Gottes Abbild. Und wonach sehnt sich jedes weibliche Herz? Nach Liebe. Danach, von jemandem erwählt zu werden, die erste Wahl zu sein. Mach dir einmal bewusst, wie brennend dieser Wunsch in dir ist. Dann weißt du auch etwas ganz Entscheidendes über das Herz Gottes: Er wünscht sich nämlich genau dasselbe wie du.

Nichts ist wichtiger, als dass wir Gott aus freien Stücken unsere Liebe schenken. Die Liebe zu Jesus ist das Feuer, das jede gute Tat in unserem Leben anfacht. Die Liebe zu Gott macht uns fähig, beherzt zu handeln; wir können dann nicht anders, als uns für unseren Nächsten einzusetzen.

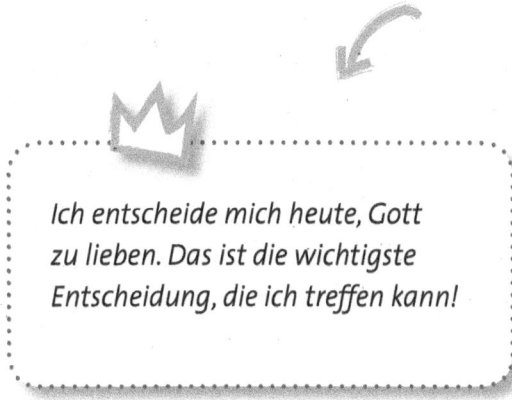

Ich entscheide mich heute, Gott zu lieben. Das ist die wichtigste Entscheidung, die ich treffen kann!

70.
Zu Jesu Füßen sitzen

Maria, ihre Schwester, setzte sich zu Jesu Füßen hin und hörte ihm aufmerksam zu.

Lukas 10,39

. . . .

In der Bibel gibt es eine Geschichte, die von zwei Frauen handelt: Martha, deren Aufmerksamkeit vom Wesentlichen abgelenkt war, und Maria, deren Augen wie gebannt an Jesus hingen.

Jesus kam mit seinen Jüngern in ein Dorf, wo sie bei einer Frau aufgenommen wurden, die Martha hieß. Maria, ihre Schwester, setzte sich zu Jesu Füßen hin und hörte ihm aufmerksam zu. Martha aber war unentwegt mit der Bewirtung ihrer Gäste beschäftigt. Schließlich kam sie zu Jesus und fragte: „Herr, siehst du nicht, dass meine Schwester mir die ganze Arbeit überlässt? Kannst du ihr nicht sagen, dass sie mir helfen soll?"

Doch Jesus antwortete ihr:
„Martha, Martha, du bist um so vieles besorgt
und machst dir so viel Mühe. Nur eines aber
ist wirklich wichtig und gut!
Maria hat sich für dieses eine entschieden,
und das kann ihr niemand mehr nehmen."

Lukas 10,38–42

• •

Martha kritisiert ihre Schwester und macht Jesus Vorwürfe. „Warum sitzt du einfach da und siehst nicht, was hier abläuft? Ich arbeite so hart und meine Schwester macht überhaupt nichts. Sag ihr, dass sie mir helfen soll." Ich finde es wundervoll, wie liebevoll Jesus Martha für ihre Sorgen und ihre Geschäftigkeit tadelt. Er kritisiert Martha nicht für das, was sie tut, sondern er korrigiert ihre Haltung. (Das ist wahrscheinlich auch für uns ein guter Hinweis, dass wir unsere Einstellung ändern sollten, wenn wir Gott Vorwürfe machen wollen, weil er nicht eingreift!)

Maria dagegen konzentriert sich hundertprozentig auf das Wesentliche. Sie läuft nicht umher, um ihrer Schwester zur Hand zu gehen, weil sie von Jesus ergriffen ist. Sie hat sich dafür entschieden, von Jesus zu lernen, seinen Worten zu lauschen, ihm ihr Herz zu öffnen. Sie tut das eine, was Gott von uns erwartet: Sie liebt Jesus. Und Jesus lobt sie dafür.

Maria sitzt Jesus zu Füßen – und das ist charakteristisch für jemanden, der ein Jünger Jesu ist. Anstatt damit beschäftigt zu sein, etwas für Jesus zu tun, ist Maria einfach nur bei ihm. Und Jesus macht deutlich, dass es für ihn weitaus wichtiger ist, bei ihm zu sein, ihm zuzuhören, ihm die ganze Aufmerksamkeit zu widmen, als geschäftig für ihn hin und her zu wuseln.

Wenn man jemanden wirklich liebt, dann ist man einfach glücklich, im gleichen Raum mit ihm zu sein. Unsere Söhne leben nicht mehr mit uns im Haus, und wenn sie zu Besuch kommen, bin ich überglücklich. Die Tatsache, dass sie unter dem gleichen Dach sind wie ich, macht mich froh. Du kennst dieses Gefühl bestimmt auch. Maria kannte es … und Jesus kennt es auch.

*Jesus,
ich sitze jetzt zu deinen Füßen. Ich freue mich so darüber, dass du glücklich bist, wenn ich da bin. Was willst du mir heute sagen?*

71.
Wenn Gott sich Zeit lässt

Jesus liebte Martha, ihre Schwester Maria und Lazarus. Aber obwohl er nun wusste, dass Lazarus schwer krank war, wartete er noch zwei Tage.

Johannes 11,5–6

· ·

Als Jesus hörte, dass sein guter Freund Lazarus im Sterben lag, eilte er nicht gleich zu ihm. Er hatte etwas Besseres vor. Also wartete er. Und dann vollbrachte er eines der größten Wunder, die er hier auf der Erde getan hat: Er weckte Lazarus von den Toten auf.

Maria und Martha mussten auf Gottes Eingreifen warten – und so geht es uns auch oft. Sie merkten, dass Jesus nicht genau dann kommen würde, wann sie ihn erwarteten.

Es ist unglaublich hart, mitten in der Wartezeit daran zu glauben, dass Gott gut ist. Mitten in schwerem Leid, im Schmerz oder angesichts eines Verlustes an seine Güte zu glauben, ist noch viel schwieriger. In solchen Zeiten wird unser Glaube hart auf die Probe gestellt – aber am Ende wird er sehr kostbar sein, so wie Gold, das durch das Feuer gereinigt wurde. Wenn wir durch schwere Zeiten gehen, lernen wir Gott tiefer kennen. Wir erleben seine Nähe viel intensiver und können hinterher sogar sagen: „Ich möchte diese Zeit nicht missen." Das ist verrückt, ja, aber so funktioniert das Reich Gottes.

Ich weiß, es gibt Zeiten, da antwortet Gott nicht so auf unsere Gebete, wie wir es uns wünschen, oder nicht so schnell, wie wir erhoffen. Genau dasselbe erlebte Maria, als Jesus nicht kam und ihr Bruder Lazarus starb. Aber als sie Jesus dann schließlich doch noch kommen sah, lief sie sofort zu ihm und fiel ihm zu Füßen. Sie betete ihn an. Sie trat vor ihn, so wie sie war, mitsamt ihrer tiefen Trauer und ihren unkontrollierbaren Tränen. Als Jesus sie weinen sah, war er tief gerührt, und er weinte mit ihr.

Deine Tränen, deine Liebe, dein Warten, dein Kummer gehen Jesus unter die Haut! Er ist tief bewegt, wenn du ihm vertraust, obwohl alles hoffnungslos zu sein scheint. Ein solches Vertrauen ist einer der stärksten Beweise unserer Liebe zu ihm.

Jesus,
ich warte heute auf dich. Ich warte schon so lange auf dich, dass du kommst und bestimmte Bereiche in meinem Leben heilst. Und während ich warte, bete ich dich an. Ich liebe dich. Ich glaube, dass du mich siehst und bald kommen wirst, um mir neues Leben zu bringen. Amen.

72.
Überschwängliche Liebe

*Da nahm Maria ein Fläschchen mit reinem,
kostbarem Nardenöl, goss es über die Füße Jesu
und trocknete sie mit ihrem Haar.
Der Duft des Öls erfüllte das ganze Haus.*

Johannes 12,3

• • • • • • • • • • • • • • • • • • • •

Einige Tage später, als Jesus erneut mit dem quicklebendigen Lazarus beim Essen saß, tat Maria etwas Unvorstellbares. Still betrat sie den Raum mit einem Alabasterfläschchen in der Hand, das mit einem sehr kostbaren Parfüm gefüllt war. (Viele Bibelausleger glauben, dass Maria ihre ganzen Ersparnisse eingesetzt hat, um dieses wertvolle und teure Öl zu kaufen.) Maria brach also das Siegel des Fläschchens auf und goss langsam das Öl über Jesu Kopf und zum Schluss über seine Füße. Danach tat sie etwas sehr Intimes, ja sogar Skandalöses: Sie löste ihr Haar, was damals eine anständige Frau niemals in der Öffentlichkeit tat, und trocknete seine Füße damit.

Der ganze Raum wurde vom Duft des Öls erfüllt. *Die Atmosphäre veränderte sich.* Wenn wir Jesus anbeten und ihm dabei alles bringen, was wir haben, dann bemerken auch andere etwas von der Schönheit dieser „Opfergabe".

Im Neuen Testament lesen wir, dass alle, die mit Jesus und Maria im Raum waren, empört reagierten und Maria schwere Vorwürfe machten. *Was für eine Verschwendung! Das Gehalt eines ganzen Jahres für nichts und wieder nichts einfach ausgossen! Wie viele arme Familien hätten eine Woche lang davon leben können!*

Hast du es jemals erlebt, dass deine Motive missverstanden wurden? Hat man dich je dafür kritisiert, wie du Gott anbetest, wie du deine Zeit oder dein Geld einsetzt, wie du glaubst oder dich für andere einsetzt – oder auch nicht? Jesus weiß genau, wie weh es tut, missverstanden und verurteilt zu werden.

Jesus verteidigt jeden, der ihn anbetet. Er verteidigte auch Marias unbekümmerte Zuneigung. Er verstand sie, und er versteht auch dich. Er erkannte ihr Herz und die Tiefe ihrer Liebe. Sie besaß etwas ganz Besonderes und gab es ihm ganz, ohne etwas für sich zurückzubehalten.

Maria kannte Jesus, und deshalb diente sie ihm auf eine Weise, die die anderen noch nicht einmal verstanden. Sie liebte ihn. Die Art und Weise, wie sie ihn anbetete, war verschwenderisch.

Und Jesus *liebte* das.

*Jesus,
ich will dich heute so hingebungsvoll anbeten, wie Maria es tat, als sie das Parfüm über dir ausgoss. Ich will dich überschwänglich anbeten! Amen.*

73.
Du bist auserwählt

*Schon vor Beginn der Welt, von allem Anfang an,
hat Gott uns, die wir mit Christus verbunden sind,
auserwählt. Wir sollten zu ihm gehören,
befreit von aller Sünde und Schuld.*

Epheser 1,4

. . . .

In meiner Kindheit und Jugend war ich nicht besonders sportlich. Ich wurde nie als Erste für eine Mannschaft ausgesucht und ich wurde auch nie zum Tanz aufgefordert. Im vierten Schuljahr jedoch wurde ich von meinen Klassenkameraden zur „Bürgerin des Jahres" gewählt. Ich kann mich noch gut daran erinnern, wie sehr ich mich darüber freute. Jeden Tag wählte die Lehrerin einen Schüler als „Bürger des Tages" aus. Der Name wurde dann auf einer besonderen Tafel veröffentlicht. Am letzten Schultag las der Lehrer alle Namen noch einmal durch, um zu sehen, wer am häufigsten diese Ehre erhalten hatte. Es ergab sich, dass ein netter Junge namens Bobby und ich gleich viele Stimmen hatten. Also wurde eine Wahl angesetzt. Allerdings gab es in unserer Klasse mehr Jungen als Mädchen, sodass ich mir ziemlich sicher war, nicht zu gewinnen. Doch ich hatte einen Vorteil. Ich sollte eine Woche später mit meiner Familie aus Kansas nach Kalifornien ziehen. Ich würde fortgehen, und alle wussten das. Und weil es ein schönes Abschiedsgeschenk war, gewann ich die Wahl.

Ich wollte gar nicht wissen, warum ich gewonnen hatte. Es war einfach nur wichtig für mich, dass *ich* gewählt worden war. Als Preis bekam ich ein Zertifikat und ein Poster, auf dem die Fotos aller meiner Klassenkameraden klebten. Ich nahm die Fotos vom Poster, steckte sie in einen Umschlag und nahm sie mit nach Kalifornien.

Kurze Zeit später erschütterte ein regelrechtes Erdbeben mein junges Leben. Denn als wir nach Kalifornien gezogen waren, brach unsere Familie vollkommen auseinander. Wie oft ging ich mein kleines Kästchen holen, nahm die Fotos meiner Klassenkameraden heraus, um mich daran zu erinnern, dass ich geliebt wurde und dass es einen Ort gab, wo man mich kannte und gern hatte. Ich war gewählt worden. Das war wie eine Rettungsleine, die Gott mir gegeben hatte, als ich sie am meisten brauchte.

Wusstest du, dass auch *du* von Gott ausgewählt wurdest? Er wählt dich aus, weil er eine Beziehung zu dir haben will. Er wählt dich aus, weil du seinen Frieden kennenlernen sollst. Er wählt dich aus, weil er dich retten will.

Wenn deine Welt erschüttert wird und zu zerbrechen droht, denke immer daran: Du bist auserwählt. An dieser Wahrheit kann nichts und niemand etwas ändern.

Jesus,
danke, dass du dich nach mir ausgestreckt hast. Nicht nach der Person, die ich lieber gewesen wäre oder die ich eines Tages gerne sein würde, sondern nach mir, so wie ich jetzt bin, chaotisch und mitten im Prozess der Veränderung, die du in mir bewirkst. Amen.

74.
Eine göttliche Veränderung

Herr, zeige mir deinen Weg, ich will dir treu sein und tun, was du sagst. Gib mir nur dies eine Verlangen: dich zu ehren und dir zu gehorchen! Von ganzem Herzen will ich dir danken, Herr, mein Gott; dich will ich preisen. Denn deine Liebe zu mir ist grenzenlos! Du hast mich dem sicheren Tod entrissen.

Psalm 86,11–13

• •

Eine der besten Möglichkeiten, wie wir nicht vergessen, wer unser Gott ist und wer wir für ihn sind, ist die Anbetung. Wenn wir Gott anbeten und dabei unsere Aufmerksamkeit von uns selbst und unseren Wünschen abwenden und sie stattdessen auf Jesus richten, findet ein geheimnisvoller Wandel in uns statt, der überaus positive Auswirkungen auf unser Leben hat. Wenn wir vor Jesus stehen, der so mächtig und liebevoll ist, verblassen die größten Kämpfe und Sorgen. Wenn wir ihn anbeten, erinnern wir uns daran, dass wir mit seinem kostbaren Blut erkauft wurden. Wir erinnern uns daran, zu wem wir gehören.

Du bist Jesu geliebtes Kind. „Ich gehöre meinem Liebsten, und sein Herz sehnt sich nach mir" (Hoheslied 7,10). Seine Fürsorge für dich und für die, die dir nahestehen, ist unbeschreiblich. Du bist für immer geliebt!

Anbetung ist eine Möglichkeit, wie wir seine Liebe erwidern können. Sie ist unsere Reaktion darauf, dass er uns liebt, uns vergibt und uns kennt. Sie ist unsere Gelegenheit, ihm dafür zu danken, dass er uns gesehen und auserwählt hat, dass er sich für uns entschieden hat, uns versteht, sich um uns kümmert und uns neu macht! Anbetung ist unsere Reaktion darauf, dass wir Jesus so sehen, wie er wirklich ist: unendlich gütig, freundlich, bereit zu vergeben, großzügig, wundervoll und ganz und gar *für* uns.

Anbetung ist eine vertraute Begegnung mit Gott, die uns verändert. Wir schütten unser Herz vor ihm aus, und er strömt in uns hinein. Es ist ein geheimnisvoller Austausch, der ihm gefällt und unser eigenes Herz erneuert.

Vertraute Anbetung bedeutet einfach, dass wir Gott sagen, wie wunderbar er ist und warum. Es bedeutet, unsere Liebe auszugießen, so als würden wir kostbares Öl über ihm ausgießen. Wir bringen ihm alles, was uns als Frau ausmacht, auch unsere Schwächen und Sorgen. Wenn wir Jesus lieben, öffnen wir uns immer mehr für sein Wirken in uns, das uns zu der Frau verwandelt, die wir so gern sein möchten.

*Jesus,
ich gebe dir meine Schwächen. Ich gebe dir meine Zweifel. Ich gebe dir meinen Wunsch, einfach aufzugeben. Ich komme mit meinen Bedürfnissen. Ich bringe dir meine Wünsche, meine Gaben, meine Schwachheit, meine Hoffnungen, alles, was ich habe. Ich bringe dir alles, was ich bin. Ich gebe dir meine Liebe. Amen.*

75.
In Gottes Nähe

Herr, wenn ich nur dich habe, bedeuten Himmel und Erde mir nichts. Selbst wenn alle meine Kräfte schwinden und ich umkomme, so bist du doch, Gott, allezeit meine Stärke – ja, du bist alles, was ich habe!

Psalm 73,25–26

· ·

Wenn wir Jesus anbeten, wird das Reich der Finsternis zurückgedrängt, und wir werden hineingeführt in das Reich Gottes. Anbetung verändert die Atmosphäre um uns herum, sodass andere spüren können, dass wir mit Jesus zusammen waren.

Warum nimmst du dir nicht ein paar Minuten Zeit, um gerade jetzt zu ihm zu kommen? Stell dir vor, wie du zu seinen Füßen sitzt und ihm zuhörst, wie du seine Füße mit deinen Tränen trocknest, wie du unter seinem Kreuz stehst und zu ihm aufsiehst oder vor dem lebendigen und auferstandenen Herrn niederkniest. Du kannst dabei nichts falsch machen. Gott freut sich sehr darüber, wenn wir mitten in unserem Alltag eine Pause einlegen oder uns für einige Zeit zurückziehen, einfach nur, um anzubeten!

Jesus verdient unsere Hingabe und unseren Dank. Jesus ist der Eine, der in die tiefste Dunkelheit und den tiefsten Kerker hinabgestiegen ist, um dich, seine wahre Liebe, zu retten. Er ist der Eine, der auf einem weißen Pferd reiten wird, mit Feuer in den Augen und einem flammenden Schwert in der Hand. Er hat deinen Namen in seine von Nägeln durchbohrte Hand eingeschrieben. Er kennt jeden deiner Gedanken, hat jedes deiner Haare gezählt und sammelt alle deine Tränen. Jesus weint um dich und mit dir. Er sehnt sich nach dir, hofft für dich, träumt von dir und jubelt über dich. Er ist der Eine, der alle Mächte der Finsternis bekämpft hat, um dich zu befreien, und er kämpft noch immer.

Jesus ist unser Ritter in glänzender Rüstung. Er ist die Liebe, nach der wir uns gesehnt haben. Er ist unser wahr gewordener Traum. Er ist unser Held. Er ist der König der Könige und Herr der Herren, der Allmächtige.

Sein Name ist wie ein sanfter Kuss und ein aufrüttelndes Erdbeben zugleich. Seine Blicke ruhen auf dir. Er hat dir seine Liebe zugesagt und er hat sich für immer mit dir verbunden. Er ist unveränderlich und seine Liebe zu dir bleibt für immer bestehen.

Wie wirst du darauf reagieren? Liebe ihn. Verehre ihn. Bete ihn an.

*Jesus,
wenn ich nur dich habe, bedeuten Himmel und Erde mir nichts. Selbst wenn alle meine Kräfte schwinden, so bist du doch, Gott, allezeit meine Stärke – ja, du bist alles, was ich habe. Amen.*

76.
Entscheide dich zu glauben

*Darauf hat uns Gott vorbereitet,
indem er uns als sicheres Pfand dafür schon jetzt
seinen Geist gegeben hat.*

2. Korinther 5,5

• •

Auf dem Weg zu unserem wahren Ich wollen wir Frauen nach Gottes heiligem Plan leben. Wir wollen wach sein für den Augenblick, für die Menschen um uns herum und für unsere Seele. Wir sind dazu bestimmt, ein Leben zu leben, das Bedeutung und Sinn hat. Es ist gut, dass wir für einen höheren Zweck leben wollen als nur für den Wunsch, unsere Haut vor einem Sonnenbrand zu schützen und beliebt zu sein. Wir wollen einer Berufung nachkommen, einem tieferen Zweck dienen, und dieser Zweck ist unmittelbar mit unserer Identität verbunden.

Wenn wir wissen, wer wir sind, können wir das Leben führen, für das wir geschaffen wurden. Wer bist du? Was ist deine Identität – deine wahre Identität?

Du gehörst zu Jesus. Du bist eine neue Schöpfung. Du bist siegreich, stark, bevollmächtigt, sicher, geborgen, und der Heilige Geist lebt in dir. Du bist ein Kanal, durch den das Leben und die Liebe Gottes fließt. Du bist Gottes Geliebte.

Wer ist Jesus? Er ist die Liebe, nach der du dich dein ganzes Leben lang gesehnt hast. Nie hat er seine Augen von dir abgewandt. Er hat einen Namen für dich, dem du nun ganz gerecht werden sollst. Er hält deine wahre Identität in den Händen, und du sollst darin hineinwachsen. Also los, frage Jesus nach deinem wirklichen Namen (oder nach *den* Namen, die er dir gegeben hat – denn oft gibt er uns mehrere). Und wenn er zu dir spricht, dann entscheide dich, daran zu glauben.

*Jesus,
ich glaube daran, dass ich deine Geliebte bin und dass du dich nach mir sehnst. Ich glaube, dass ich nicht länger verlassen und einsam bin, sondern dass du dich über mich freust. Jesus, ich möchte die Frau werden, die ich nach deinem Plan werden soll. Zeige mir, wer sie ist; zeige mir, wer ich wirklich bin, wer ich schon immer hätte sein sollen. Verrate mir meinen wahren Namen; gib mir eine Vorstellung davon, welche Person du in mir siehst. Gib mir Augen, um zu sehen, und Ohren, um zu hören, und den Mut zu akzeptieren, was du über mich sagst. Sprich zu mir, Jesus! Amen.*

77.
Was die Welt heute braucht

*Sorgt euch vor allem um Gottes neue Welt,
und lebt nach Gottes Willen! Dann wird er euch
mit allem anderen versorgen.*

Matthäus 6,33

・・・・・・・・・・・・・・・・・・・・・

Wir werden nie glücklich sein, solange wir versuchen, von unserem Selbst getrennt zu leben, oder wenn wir unser Herz, unsere Wünsche und unsere Schmerzen missachten. Glück ist nicht das höchste Ziel, aber es kommt ganz natürlich zu uns, wenn die übrigen Aspekte unseres Lebens in Ordnung sind.

Die Liebe ist immer das höchste Ziel. Die Liebe zu Gott, zu unseren Mitmenschen und zu uns selbst – zu der Frau, als die Gott uns geschaffen hat. Wir wollen nicht trotz unserer selbst leben, sondern wir wollen uns selbst umarmen und uns die facettenreiche, geheimnisvolle Frau zu eigen machen, die wir sind, und ebenso unsere einzigartige Art, Jesus in dieser Welt zu verherrlichen.

Du bist die einzige Version von dir selbst, die je existierte oder existieren wird.

Gott hat *dich* mit Absicht geschaffen. Jetzt. Aus gutem Grund.

Die Welt braucht keine weitere Frau, die die wundervolle Schöpfung, die sie ist, gering achtet. Gott sehnt sich nicht nach noch einem Mädchen, das sich selbst ablehnt und dadurch auch ihn. Die Welt braucht eine Frau, die dankbar dafür ist, wie Gott sie gemacht hat, die darauf vertraut, dass er sie verändert, und die sich darüber freut, sie selbst zu sein. Es ist eine gute Sache, sich so zu mögen, wie man ist. Gott mag dich! Wir sollten uns selbst ebenfalls mögen. Sei stolz auf dich! Wenn du dich selbst magst, dann kannst du auch andere Menschen genießen, und in deiner Gegenwart fühlen sich wiederum die anderen dazu eingeladen, zu werden und zu genießen, wer sie wirklich sind.

Bete: „Jesus, wie siehst du mich? Bitte gib mir deine Vision von der Frau, dich ich einmal sein soll." Schreibe dann auf, was du von Gott hörst – oder notier dir einfach das, was du im Glauben für dich annehmen kannst – wie du einmal sein willst!

78.
Königstochter

*Jetzt sehen wir nur ein undeutliches Bild
wie in einem trüben Spiegel. Einmal aber
werden wir Gott von Angesicht zu Angesicht sehen.
Jetzt erkenne ich nur Bruchstücke, doch einmal
werde ich alles klar erkennen, so deutlich,
wie Gott mich jetzt schon kennt.*

1. Korinther 13,12

• •

Ich gestehe, dass ich ein wenig für Llewelyn den Großen schwärme. Dieser Prinz von Wales war der Erste, der das Land wirklich vereinte. Vieles in seinem Leben erinnert mich an Jesus, und ich verstehe nicht, warum Hollywood nicht längst diese glorreiche Geschichte verfilmt hat.

Wie auch immer, er war ein Edelmann, dessen Enkelsohn und Namensvetter – bekannt als Llewelyn der Letzte – den Fußstapfen seines Großvaters folgte und sich bemühte, Wales zu vereinen, zu lenken und zu schützen. Auch sein Leben ist eine edle, aber eine zugleich traurige Geschichte. Er wurde in einem Gefecht getötet und konnte sein Land nicht vor der englischen Invasion schützen, die das Schicksal des kleinen Landes veränderte.

Llewelyn der Letzte hatte einen Erben – ein kleines Mädchen. Es war erst wenige Monate alt, als Wales von England erobert wurde. Doch da es ein Baby und außerdem ein Mädchen war, ereilte der Kleinen kein so schlimmes Schicksal, als wäre sie ein Junge gewesen. Sie wurde von Edwards Truppen gefangen genommen und vom König für den Rest ihres Lebens in einem Kloster in England interniert. Als sie etwa dreißig Jahre alt war, wurde sie schließlich Nonne und starb rund zwanzig Jahre später. Sie wusste nur wenig von ihrem Erbe und kannte die Sprache ihres Landes nicht. Ihr Name war Gwenllian. Sie war eine Prinzessin im Exil, sie lebte in einem Land, das vom Feind ihres Vaters regiert wurde.

Die Waliser haben ein Wort für die Sehnsucht nach dem wahren Zuhause, das tiefer ist als jedes Begreifen: *hiraeth*. Gwenllian lebte mit diesem Schmerz. Sie war zum Herrschen bestimmt, doch man hatte ihr den Thron gestohlen. Ihre Autorität wurde ihr geraubt, und sie lebte ihr Leben lang in Gefangenschaft, ohne ihre wahre Identität zu kennen. Wäre ihr Leben anders verlaufen, wenn Gwenllian die Wahrheit gekannt hätte? Hätte es eine Bedeutung gehabt für ihr Leben, für ihr Herz, wenn sie gewusst hätte, wer ihr Vater war? Wer *sie* war?

Macht es einen Unterschied in unserem Leben, ob wir unsere wahre Identität kennen? Oh ja!

Erinnere dich daran, wer du wirklich bist. Strecke dich nach oben und nimm all den Reichtum, die Freude, die Vertrautheit und die Heilung in Anspruch, die Gott für dich bereithält!

Welchen Unterschied macht es heute in deinem Leben zu wissen, dass Gott, der König, dein Vater ist?

79.
Vergiss niemals, wer du bist!

*Ich will dich für immer gewinnen,
ich verlobe dich mir in Gerechtigkeit und Recht.
Ich schenke dir Gnade und Erbarmen.
Ich verlobe dich mir und schenke dir meine Treue.
Dann wirst du Jahwe erkennen.*

Hosea 2,21–22; NeÜ

• •

Erinnerst du dich, wer du bist? Zu wem gehörst du?

Zunächst bist du *die Tochter des Königs*. Du bist die Freude deines himmlischen Vaters. Du bist sein Augapfel und diejenige, die er unveränderlich liebt.

Zweitens bist du *die Braut Christi*. Du bist mit dem höchsten Prinzen verlobt. Du bist Jesu Geliebte. Eine königliche Hochzeit steht bevor, ein beispielloses Ereignis in der Geschichte, und die gesamte Schöpfung wird fasziniert sein und jubeln.

Drittens bist du *die Verbündete und Freundin von Jesus*. Du bist von ihm ausgesandt, um sein Königreich voranzubringen. Du spielst eine große Rolle in einer beeindruckenden Geschichte voller Schönheit und Gefahren.

Wenn wir glauben, dass etwas wahr ist, beeinflusst das die Entscheidungen, die wir treffen. Wir glauben, dass die Erdanziehungskraft existiert, also springen wir in die Höhe mit der Gewissheit, wieder herunterzukommen. Wir glauben, dass die Sonne aufgeht, also gehen wir zu Bett ohne die Befürchtung, die Nacht könnte nie mehr aufhören. Doch manchmal fordert Gott uns auf, etwas zu glauben, bevor wir erfahrungsgemäß etwas davon wissen. Es gibt zwar den bekannten Spruch: „Sehen ist glauben", doch in Jesus Christus führt der Glaube zum Sehen. Gott lädt uns ein zu glauben, wer wir nach seinen Worten sind: seine geliebten Kinder.

> *Jesus,*
> *ich möchte heute in meiner Identität leben. Ich bin eine Prinzessin, und so möchte ich auch leben.*

80.
Welchen Namen gibst du dir?

*Wenn Gott etwas für rein erklärt,
dann nenne du es nicht unrein.*

Apostelgeschichte 10,15

. . . .

Namen sind etwas sehr Wichtiges. Wie bezeichnest du dich, wenn du an einem Spiegel vorbeigehst? Wenn du einen Fehler gemacht hast? Wenn dich jemand ärgert?

Hinter dem Namen oder der Bezeichnung, die wir uns selbst geben, steckt eine große Kraft. Auch wie andere uns nennen, birgt sehr viel Kraft in sich. Wir haben die Macht zu segnen und die Macht zu verfluchen, und beides kommt aus unserm Herzen und fließt durch unseren Mund, sobald wir etwas aussprechen. Die Namen, die wir anderen geben oder die man uns gibt, seien sie gut oder schlecht, haben einen Einfluss auf unser gesamtes Leben.

Ein perfektes Beispiel aus dem wahren Leben fand vor einigen Jahren in Indien statt. Fast 300 indische Mädchen versammelten sich dort, um bei einer feierlichen Zeremonie ihren Namen ändern zu lassen. Ihre Namen bedeuteten auf Hindi „unerwünscht", eine Anspielung auf die unterschiedliche Behandlung von Jungen und Mädchen in Indien. Doch in einem zentralen indischen Bezirk wurden diese Mädchen eingeladen, damit sie sich neue Namen aussuchen konnten.

Die 285 Mädchen, die in ihren schönsten Kleidern und mit Schleifen und Spangen im Haar erschienen, standen Schlange, um aus den Händen von Beamten des Staates Maharashtra die neuen Namensurkunden sowie einen kleinen Blumenstrauß entgegenzunehmen.

Ihre alten Namen, wie „Nakusa" oder „Nakushi", die auf Hindi „unerwünscht" oder „ungewollt" bedeuten, legten sie ab, und manche wählten stattdessen die Vornamen bekannter Stars aus Bollywoodfilmen, wie zum Beispiel „Aishwarya". Einige haben sich auch für Vornamen hinduistischer Tradition entschieden. „Vaishali" ist einer der neuen Namen und bedeutet „wohlhabend, schön und gut".

„In der Schule werden meine Klassenkameraden und Freunde mich von nun an mit meinem neuen Namen ansprechen, und darüber bin ich sehr froh", strahlte ein fünfzehnjähriges Mädchen. Ihr Großvater hatte sie aus Enttäuschung über ihre Geburt „Nakusa" genannt.[1]

Ist das nicht eine wunderschöne Geschichte für eine Wiedergutmachung? Unsere Worte, wie wir uns selbst bezeichnen – ob laut oder leise –, haben einen großen Einfluss auf uns und unser Leben.

*In Jesus Christus bin ich nicht länger unrein.
Ich wurde gereinigt. Ich bin nicht mehr unerwünscht;
ich bin begehrt. Ich werde nicht abgelehnt, sondern
ich bin erwünscht. Ich bin nicht mehr hässlich,
sondern wunderschön. Ich bin nicht mehr schuldig,
sondern schuldlos. Ich bin nicht mehr gebunden; ich
bin frei. Ich bin nicht mehr allein; ich bin geliebt.*

81.
Er wird dir einen anderen Namen geben

*Du wirst einen neuen Namen tragen,
der Herr selbst wird ihn dir geben.*

Jesaja 62,2

• •

Die Namen, die du dir selbst gibst, *beeinflussen deine* Fähigkeit, so zu werden, wie Gott dich haben wollte. Gott weiß, welche Kraft hinter den Worten liegt, mit denen wir uns selbst bezeichnen. Lies dir einmal die folgenden Verse durch, in denen Gott seine leidenschaftliche Absicht erklärt, dass er *deinen* Namen ändern will:

> *Mein Herz schlägt für Jerusalem,
> darum kann ich nicht schweigen.
> Ich halte mich nicht zurück,
> bis Gottes Hilfe über der Stadt auf dem Berg Zion
> aufstrahlt wie die Morgensonne,*

*bis ihre Rettung aufleuchtet wie ein
heller Schein bei Nacht.
Dann sehen alle Völker, wie der Herr dir
Recht verschafft, Jerusalem,
und ihre Könige bestaunen deinen neuen Glanz.
Du wirst einen neuen Namen tragen,
der Herr selbst wird ihn dir geben.
Ein Schmuckstück wirst du sein,
das der Herr in seiner Hand hält wie ein
König seine Krone.
Man nennt dich nicht länger „die verstoßene Frau"
und dein Land nicht „die Verlassene".
Nein, du heißt dann „meine Liebste"
und dein Land „die glücklich Verheiratete".
Denn der Herr wird dich lieben und sich
über dich freuen,
und dein Land wird nicht mehr vereinsamt sein.
Wie ein junger Mann sein Mädchen heiratet,
so werden deine Einwohner sich mit dir verbinden.
Wie ein Bräutigam sich an seiner Braut freut,
so wird dein Gott sich über dich freuen.*

Jesaja 62,1–5

. . . .

Dieser wunderschöne Abschnitt folgt auf Jesaja 61, wo wir die Verheißung nachlesen können, dass wir Heilung und Befreiung erfahren werden. Und hier verspricht Gott uns nun einen neuen Namen. Wir heißen nicht länger „die Einsame", sondern „die Begehrte". Du bist erwünscht! Du bist es wert, dass man dich begehrt, dich sucht, dich umwirbt! Du bist gewollt!

Gott will, dass wir Dinge und Personen korrekt benennen, auch uns selbst. Es ist äußerst wichtig, dass wir das tun.

> *Bete diesen Abschnitt aus Jesaja und setze deinen Namen anstelle von „Jerusalem" ein.*

82.
Du bist die Geliebte!

*Ich gehöre meinem Liebsten,
und sein Herz sehnt sich nach mir.*

Hoheslied 7,10

....

Gott nennt dich „Liebste". Was bedeutet das? Es bedeutet, dass er dich sehr liebt, dass du sehr wichtig für ihn bist. Es bedeutet, bewundert, geliebt und umsorgt zu sein. „Liebste" bedeutet: Liebling, Schatz, Allerliebste. Es bedeutet Geliebte, Wertvolle, Geachtete, Geehrte. „Liebste" – das bist du! Es sagt aus, was du Gott bedeutest. Und was du Gott bedeutest, das bedeutet alles.

Gott will, dass du das glaubst. Er will, dass du weißt, wer du bist. Du musst das wissen.

Wenn du weißt, wer du für Jesus bist, wird das zu einer tiefen Vertrautheit mit ihm führen. Es bedeutet nicht, dass du nun eingebildet herumläufst und damit prahlst: „Seht mich an! Ich bin etwas ganz Besonderes!" Nein, die Erkenntnis, dass du ein geliebtes Kind des Höchsten bist, zeigt sich nicht durch Arroganz, sondern durch tiefe Dankbarkeit. Wenn wir glauben, dass wir sind, was Gott über uns sagt, dann ist das Ergebnis eine Liebe zu Jesus, die immer tiefer wird. Wir lieben ihn, weil er uns zuerst geliebt hat. Glaube ruft Reaktionen hervor; wir entscheiden uns, diesem Gott, der uns so sehr schätzt, näherzukommen. Und genau das ist Gottes Wunsch.

> *Ich gehöre heute zu Jesus, und sein Verlangen gilt mir! Ich bin seine Geliebte; nichts und niemand wird jemals etwas daran ändern.*

83.
Konzentriere dich auf seine Treue

Dabei wollen wir nicht nach links oder rechts schauen, sondern allein auf Jesus. Er hat uns den Glauben geschenkt und wird ihn bewahren, bis wir am Ziel sind.

Hebräer 12,2

· ·

Wer bist du also?

Wenn wir glauben, dass unsere Fehlerhaftigkeit unsere wahre Identität ausmacht, dann laufen wir mit einem Gefühl der Scham, der Schuld und der Verurteilung herum und fühlen uns getrennt von Gott. Das führt nicht gerade dazu, dass wir glücklich und zufrieden sind, und genau das will der Teufel erreichen. Nicht umsonst wird er auch der „Ankläger" genannt.

Wenn sich unser Herz allein auf unsere Fehler konzentriert, dann befindet es sich in einer Abwärtsspirale. Gott will, dass wir uns nicht auf unsere Fehler und unser Versagen konzentrieren, sondern auf seine Treue. Er fordert uns auf, den Blick nicht auf unsere Zerbrochenheit zu richten, sondern auf den, der uns heilt. Wir bewegen uns auf das zu, worauf wir den Blick richten.

Die Bibel warnt uns davor, höher von uns zu denken, als angemessen ist, aber ganz ehrlich: Das kommt bei Frauen äußerst selten vor. Dagegen habe ich eine Menge Frauen kennengelernt, die viel geringer von sich denken, als sie sollten – und ganz sicher viel geringer, als Gott von ihnen denkt. Und das ist nicht nur entmutigend, sondern sogar gefährlich. Warum? Weil wir kein gutes Leben führen, nicht lieben und unsere Bestimmung erfüllen können, wenn wir nicht wissen, wer wir sind.

Du kannst nicht du selbst werden, wenn du nicht weißt, wer du nach Gottes Plan werden sollst.

Jesus,
bitte zeige mir, wer ich werden soll. Ich möchte mich auf das Ziel konzentrieren, das vor mir liegt, das Ziel, vollkommen so zu sein, wie du mich haben willst, vollkommen treu, vollkommen meine Identität als dein geliebtes Kind zu leben! Du hast auch hier auf der Erde gelebt und verstehst mich genau deshalb. Bitte begleite mich auf meinem Weg, damit ich ein gutes Leben führen und mich und meinen Nächsten so lieben kann, wie du es willst. Amen.

84.
„Anzeigetafel"

*... Denn der Ankläger ist endgültig gestürzt,
der unsere Brüder und Schwestern Tag und Nacht
vor Gott beschuldigte.*

Offenbarung 12,10

· ·

Gannon, der Sohn meiner Freundin, ist ein hervorragender Fußballspieler. Als Schüler der neunten Klasse trug er entscheidend mit dazu bei, dass die Mannschaft seiner Schule an der Meisterschaft des Bundesstaates teilnehmen konnte. Er ist ein ruhiger, höflicher junger Mann, der sich in einen Kämpfer verwandelt, sobald er den Rasen betritt.

Während eines Spiels, das vor Kurzem stattfand, lag Gannons Mannschaft mit drei Toren weit vorne. Um ihn zu demotivieren, wurde er von einem Gegenspieler fortwährend beschattet, der ihn bewusst immerzu beschimpfte, um ihn aus dem Konzept zu bringen: „Du bist der schlechteste Spieler der Mannschaft!" – „Du kannst noch nicht mal den Ball treffen!" – „Niemand in deiner

Mannschaft mag dich!" – „Du bist doch nur ein blutiger Anfänger!" – „Geh nach Hause, Kleiner!"

Gannons Quälgeist ließ ihm keine Ruhe. Gannon sagte hinterher, es sei das Schwierigste gewesen, was er je auf dem Spielfeld erlebt hatte. „Daneben! Du wirst immer danebenschießen!" Anklagen tun weh.

Aber Gannon ließ sich nicht auf ein Wortgefecht ein. Er ging weder auf die Beleidigungen ein noch verteidigte er sich. Seine einzige Antwort war: „Anzeigetafel!" Mehr als dieses eine Wort sagte er nicht: „Anzeigetafel!" Sein Gegner konnte sagen, was er wollte; Gannons Mannschaft war dabei, das Spiel zu gewinnen. Er und seine Kameraden spielten gut. Gannons Verteidigung bestand darin, dass er auf die Wahrheit hinwies. Jeder war sicher, dass sie das Spiel gewinnen würden, und das brachte Gannons Gegner schließlich zum Schweigen.

Kennst du auch solche Gegner? Das müssen nicht unbedingt andere Personen sein, sondern das kann auch deine eigene innere Stimme sein, die dich ständig beschimpft: „Du vermasselst immer alles!" – „Du kannst das überhaupt nicht, und du wirst es auch nie können." – „Du bist einfach nicht geeignet dafür." – „Du hast eben keine echten Freunde." – „Du solltest jetzt einfach nach Hause gehen."

Welche Stimmen werden in dir laut, wenn du zu einer Party nicht eingeladen wirst? Wenn du in einer Klassenarbeit eine schlechte Note bekommst oder herausfindest, dass dein Schwarm auf deine Freundin steht?

Wenn du das nächste Mal die anklagende Stimme hörst, sag einfach nur: „Anzeigetafel!" Jesus hat für dich den Sieg erkämpft, und in ihm bist auch du siegreich. Nicht deine Sünde, dein Versagen und deine Vergangenheit machen dich als Person aus. Du wirst einzig und allein – und bis in alle Ewigkeit – über das definiert, was Jesus am Kreuz für dich vollbracht hat. Du bist seine Tochter. Seine Braut. Und du bist wunderschön.

> *Ich brauche mir die anklagenden Worte meiner Gegner (oder meine eigenen Anklagen!) nicht mehr länger anzuhören, weil Jesus sie bereits besiegt hat. Allein das, was Jesus Christus am Kreuz für mich vollbracht hat, macht mich als Person aus!*

85.
Deine wahre Identität

Unterstellt euch Gott, und widersetzt euch dem Teufel. Dann muss er von euch fliehen.

Jakobus 4,7

. . . .

Als junge Frau glaubte ich, ich sei fett und hässlich. Ich war überzeugt, dass ich nie gut genug sein würde. Und das redete ich mir jeden Tag ein.

Wenn wir glauben, dass unsere Fehlerhaftigkeit unsere wahre Identität ausmacht, dann laufen wir mit einem Gefühl der Scham herum.

Das, was du über dich denkst, hat Auswirkungen auf deine Fähigkeit, so zu werden, wie du nach Gottes Plan sein sollst.

Ich liebe das folgende Zitat. Die Worte helfen mir zu realisieren, dass meine Gedanken spürbare Auswirkungen haben. Das, was ich denke, zählt. Es hat Konsequenzen.

Achte auf deine Gedanken, denn sie werden zu Worten.
Achte auf deine Worte, denn sie werden zu Taten.
Achte auf deine Taten, denn sie werden zu Gewohnheiten.
Achte auf deine Gewohnheiten, denn sie werden dein Charakter.
Achte auf deinen Charakter, denn er wird dein Schicksal!
Wir werden zu dem, was wir denken.

Wir werden zu dem, was wir denken.
Was denkst du heute über dich?

86.
Du machst ihn glücklich

*Nur mir gehört mein Liebster,
und ich gehöre ihm.*

Hoheslied 6,3

• •

Mitten in deinem Alltag – mitten im Chaos oder inmitten der Freude – ist es hilfreich, wenn du dir angewöhnst, zwischendurch innezuhalten und dir die Frage zu stellen: „Stimmt das, was ich gerade über mich denke?" Wenn deine Gedanken nicht mit Gottes Wort übereinstimmen, dann solltest du sie als Lüge identifizieren und durch die Wahrheit ersetzen.

Wie wäre es, wenn du jetzt, in diesem Augenblick, die Möglichkeit in Erwägung ziehst, dass alles, was Gott über dich sagt, wahr ist?

Du bist seine Freude.
Du machst ihn glücklich, einfach nur, weil du du bist.
Er findet dich großartig.

Du bist seine Liebste.
Du bist die, die sein Herz erobert hat.

Was würde sich in deinem Leben ändern, wenn all das wirklich wahr wäre? Denke einmal darüber nach und stelle es dir bildlich vor. Denn es macht einen Riesenunterschied, wenn das stimmt! Und es stimmt tatsächlich!

Frag Gott doch einmal:

„Bin ich deine Geliebte?"
„Wie siehst du mich?"
„Freust du dich über mich?"
„Liebst du mich, weil du Gott bist und weil das eben dein Job ist, oder liebst du mich einfach um meiner selbst willen?"

Du bist Gottes Geliebte!

> *Jesus,*
> *danke für diese Wahrheit über mich. Ich nehme sie an. Ich bin deine Tochter. Ich bin auserwählt, heilig und von Herzen geliebt. Ich bin dein Augapfel. Ich bin deine Geliebte und du sehnst dich nach mir. Bitte präge diese Wahrheit ganz tief in mein Herz hinein. Amen.*

87.
Betrachte es als etwas Gutes

*Erschaffe in mir ein reines Herz, o Gott;
erneuere mich und gib mir Beständigkeit!*

Psalm 51,12

. . . .

Musstest du jemals zu einer Party, einer Sportveranstaltung oder einer Familienfeier gehen, auf die du gar keine Lust hattest? Ich war neulich zu einer Geburtstagsparty eingeladen, und ich war nicht sehr glücklich darüber. Ich beklagte mich bei meinem Mann, dass ich dorthin gehen und Stunden mit Leuten verbringen müsste, die ich nie zuvor gesehen hatte und auch nie wiedersehen würde. Bla, bla, bla. Da antwortete mein Mann: „Du musst das anders sehen. Betrachte diesen Geburtstag als etwas Gutes."

Genau, er hatte recht. Dieser Geburtstag ist nicht schlecht, sondern gut. Er gibt mir die Gelegenheit, jemanden zu segnen, der mir sehr viel bedeutet. Ich kann dabei sein, wenn das Leben dieser Person gefeiert wird. Ich betrachtete das Ganze von der anderen Seite, änderte meine innere Haltung und ging mit fröhlichem Herzen zu dieser Feier.

Es gibt viele Dinge in unserem Leben, die wir mit anderen Augen sehen sollten. Unsere Erfahrungen, die wir machen. Unsere Beziehungen. Unser Leben als Ganzes. Gib diesen Dingen, deinem Leben, eine andere Bezeichnung. Es ist ein gutes Leben. Denn es gehört unserem guten Gott, du gehörst zu ihm. Also gib dir selbst andere Bezeichnungen. *Gott tut es auch.*

Meine Eltern haben mich Stacy genannt. Das bedeutet „Auferweckung". Es gibt viele Dinge in meinem Leben, die im Laufe der Jahre einer Auferweckung bedurften – mein verwundetes Herz, meine verletzte Sexualität, meine beschädigte Selbstwahrnehmung, meine Träume, meine Beziehungen, meine Berufung. Gott lässt jeden Bereich meines Lebens wieder lebendig werden. Er erweckt meinen Geist zum Leben, damit ich in der Lage bin zu glauben, dass alles, was er getan und an *mir* getan hat, gut ist. Er erweckt meine Träume und Wünsche zum Leben und sogar meine Sehnsucht danach, zutiefst gekannt und vollkommen geliebt zu werden. Ja, meine Eltern nannten mich Stacy, aber in Wirklichkeit hat Gott mich „Auferweckung" genannt.

*Jesus,
welche Dinge beurteile ich momentan als etwas Negatives, Langweiliges oder Belastendes? Kann es sein, dass du möchtest, dass ich genau diese Dinge mit anderen Augen betrachten soll – sie als etwas Gutes erkenne und auch so bezeichne? Zeig es mir. Amen.*

88. Welchen Namen hat Gott dir gegeben?

Wenn Christus in euch lebt, dann ist zwar euer Körper wegen eurer Sünde noch dem Tod ausgeliefert. Doch Gottes Geist schenkt euch ein neues Leben, weil Gott euch angenommen hat. Ist der Geist Gottes in euch, so wird Gott, der Jesus von den Toten auferweckt hat, auch euren sterblichen Leib wieder lebendig machen; sein Geist wohnt ja in euch.

Römer 8,10–11

• •

Kennst du die Bedeutung deines Namens? Es ist eine gute Idee, es einmal herauszufinden. Und solltest du die Bedeutung, die du entdeckst, nicht mögen, dann versuche, mehr darüber herauszufinden. Bitte Gott, dir zu zeigen, warum man dich so genannt hat.

Eine Freundin von mir heißt Melanie. Ich fragte sie, was der Name bedeutet, und sie sagte achselzuckend: „Dunkel." Oh. Dunkel. Wir versuchten, mehr darüber herauszufinden, und stellten fest, dass der Name nicht einfach nur „dunkel" bedeutet, sondern „dunkle Schönheit". Im Hebräischen bedeutet er „mit Gnade erfüllte Schönheit". Im Hohelied lesen wir: „Schwarz bin ich und doch anmutig" (Kapitel 1,5; ELB). Das kann so viel bedeuten wie: „Ja, ich bin unvollkommen, und ich sehe meine Fehler und Sünden, aber wenn Gott mich ansieht, sieht er meine Schönheit, nicht meine Sünde. In Jesu Augen bin ich und war ich immer großartig." Das bedeutet der Name Melanie.

Was auch immer dein Name bedeutet, Gott sagt Folgendes über dich:

Du bist nicht länger die Einsame, sondern die Vermählte.
Du bist nicht länger allein oder ungesehen, dein Name ist „Gesuchte", „Geliebte", „Mein".
Du heißt nicht länger „Unerwünschte", sondern „die Gesegnete" und „die Schöne".

Wie geht es dir mit deinem Namen? Was bedeutet er? (Wenn du dir über die Bedeutung nicht sicher bist, kannst du versuchen, sie übers Internet herauszufinden.) Bitte Gott, dir zu zeigen, welche geistliche Bedeutung hinter deinem Namen steht.

89.
Niemals allein

Gott allein kann uns davor bewahren, dass wir vom rechten Weg abirren. So können wir von Schuld befreit und voller Freude vor ihn treten.

Ihm, dem einzigen Gott, der uns durch Jesus Christus, unseren Herrn, gerettet hat, gehören Ehre, Ruhm, Macht und Herrlichkeit. So war es schon immer, so ist es jetzt und wird es in alle Ewigkeit sein. Amen.

Judas 24–25

• •

Du und ich, wir befinden uns immer noch in der Entwicklung zu der Frau, die wir einmal sein wollen, der Frau, die wir nach Gottes Plan sein sollen. Unser Leben ist eine beständige Entdeckung und Verwandlung.

Vor dir liegen noch viele Erfahrungen. Du musst Entscheidungen treffen. Es gibt Wahrheiten, denen du Glauben schenken musst. Du wirst noch viel lernen – auch ich lerne immer noch. Wir sind nicht allein unterwegs. Wir sind in jedem Augenblick unseres Lebens von Liebe umgeben. Wir sind im Blickfeld des Einen, der alles gewonnen, alles getan und alles bezahlt hat, damit wir frei sind zu leben, zu lieben und wir selbst sein können. Jetzt haben wir die Freiheit, ihm alles zurückzugeben, was er uns geschenkt hat, und ein Leben zu führen, das reich ist an Freude. Ein Leben, das umhüllt ist von seiner Güte, gestärkt ist mit Hoffnung und überfließt vor Liebe.

Jesus geht vor dir her, er ist hinter dir und in dir. Du bist nie allein, und du wirst immer alles haben, was du brauchst.

Lass uns gemeinsam Schritte nach vorn machen!

*Jesus,
ich möchte mich ändern. Ich bin bereit, jede Veränderung in Kauf zu nehmen, damit dein Plan für mich in diesem Bereich vollendet werden kann. Ich bin bereit, die Dinge mit deinen Augen zu sehen. Bitte zeig mir deine Sicht, führe mich und leite mich. Amen.*

90.
Noch mehr Freude

Der Herr segne dich und bewahre dich!
Der Herr wende sich dir in Liebe zu
und zeige dir sein Erbarmen!
Der Herr sei dir nah und gebe dir Frieden!

4. Mose 6,24–26

· ·

Ich weiß, dass du dich nach einem Leben sehnst, das Kraft und Bedeutung hat. Du willst ein Leben nach dem Plan Gottes führen, du willst so werden, wie Gott dich gemeint hat, und gemeinsam mit Jesus sein Reich voranbringen.

Lies einmal die folgenden Bibelstellen, die dich daran erinnern, wie Gott dich jetzt, in diesem Augenblick, sieht:

Du bist von Herzen vollkommen geliebt. (Römer 8,38–39)
Dir wurde vollkommen und hundertprozentig vergeben.
(1. Johannes 2,12).

*Wenn Gott dich sieht, dann sieht er Jesus und seine
Gerechtigkeit. (2. Korinther 5,21)
Du bist sein Ein und Alles. (Johannes 3,16)
Er findet dich wunderschön. (Hoheslied 4,1)
Er hat sich verpflichtet, dich zu erneuern. (Römer 8,29)
Du bist heute nicht allein – und du warst es auch nie.
(Hebräer 13,5)*

Du sollst wissen, dass du nicht allein bist! Es gibt eine Menge Leute, die für dich beten und sich mit dir freuen, darunter auch ich. Dein Leben ist in vollem Gang. Du wirst immer mehr erkennen, dass Gott der Schlüssel zu dem Leben ist, für das du bestimmt bist. Du kannst noch mehr haben vom Leben – mehr Heilung, mehr Freiheit und mehr Freude bekommen!

Du bist geliebt. Du bist wunderschön. Vor dir liegt noch ganz viel Freude!

*Gott,
ich danke dir, dass du mich so wunderbar und einzigartig gemacht hast. Ich möchte die Heilung, die Freiheit und das Abenteuer kennenlernen, die du für mich bereithältst! Amen.*

Abschließende Gedanken von Stacy

Ich hoffe, du hast in diesem Buch mehr über Gott und über dich selbst erfahren. Jetzt ist es so weit: Lass deine geistlichen Muskeln jetzt spielen und entscheide dich, ihm Glauben zu schenken – dann, wenn du dich geliebt, schön und angenommen fühlst, und auch dann, wenn du das Gegenteil empfindest.

Je besser wir Jesus kennen, desto inniger lieben wir ihn. Je inniger wir ihn lieben, desto mehr werden wir zu der Person, die Gott sich einmal vorgestellt hat. Vielleicht werden die Menschen um dich herum dich nach der Hoffnung fragen, die du in dir trägst. Jesus ist der Grund dafür! Er ist einfach genial, und wir werden nie aufhören, die Schönheit und Größe seines faszinierenden Herzens zu erforschen. Das Abenteuer geht also weiter. Du und ich – wir stecken mittendrin!

Quellenverzeichnis

Kapitel 68: C. S. Lewis, *Vier Arten der Liebe*, Benziger, 1961

Kapitel 80: Chaya Babu, „285 Indian Girls Shed ‚Unwanted' Names", Yahoo! News, 22. Oktober 2011, http://news.yahoo.com/285-indian-girls-shed-unwanted-names-122551876.html

Was Mädchenherzen brauchen

„Das Buch kann ich jedem Mädchen nur weiterempfehlen – auch die etwas älter sind. Die Andachten ermutigen, inspirieren und sind der perfekte Start in die neue Woche oder Tag."

Leserstimme

Gott ist unendlich kreativ! In diesem Buch entdecken Mädchen in 44 Andachten, welcher Schatz in ihnen liegt und was Gott sich für sie und ihr Leben erträumt.

Es geht um Themen wie wahre Liebe, Vertrauen und Schönheit, um Glauben und den Umgang mit Schwierigkeiten. Und das Besondere: Jede Andacht enthält eine besondere Idee, die direkt ausprobiert werden kann – eine kreative Aktion, die den Glauben vertieft, einen Basteltipp, ein cooles Rezept und vieles mehr. Ideal für Mädchen ab 13 Jahren.

Nelli Bangert • Du bist ein Gedanke Gottes
Klappenbroschur • 240 Seiten • ISBN 978-3-95734-476-2

Ermutigung für Mädchen

„Das Buch holt die Botschaften von Jesus richtig gut in meinen Alltag. Außerdem machen die kreativen Aktionen total Spaß. Durch die coolen Bilder ist das Buch bunt und fröhlich!"

Leserstimme

Gott will dich Schritt für Schritt auf deinem Weg durch das Leben begleiten. Die 100 Impulse in diesem Buch helfen dir dabei, dich daran zu erinnern, dass er dich wunderbar, stark und mutig gemacht hat.

Jede der kurzen Andachten wird mit einem Bibelvers eingeleitet, den Abschluss bildet jeweils eine Impulsfrage mit Platz für eigene Notizen. Durchgehend farbig gestaltet ist dieses Buch eine wunderbare Erinnerung für alle jungen Leserinnen, dass sie großartige, starke und mutige Töchter des Königs sind.

Melanie Shankle • In dir schlägt ein Löwenherz
Gebunden • 224 Seiten • ISBN 978-3-95734-678-0